职业指导与创业教育

主　编　杜　巍
副主编　吕艳春　齐艳春　郭　妍

北京理工大学出版社
BEIJING INSTITUTE OF TECHNOLOGY PRESS

内 容 简 介

本书内容由两个篇章组成：（一）创业教育；（二）职业与就业指导。

培养具有创业精神和创业能力的人才是大学教育的目标之一。大学应在创业精神、创业知识、创业能力、创业心理等方面为每一个梦想和立志创业的大学生提供理性、实用、针对性强的创业教育，助推大学生成功创业。

现代人大部分时间是在社会组织中度过的。从毕业到退休的几十年中，几乎每天都要和工作打交道，因此，我们对所从事的工作是否喜欢，是否适合，是否觉得有意义，对我们而言非常重要。所以，本书将帮助读者慎重选择职业，迈好职业生涯的第一步，为未来的成功铺就基石。

版权专有　侵权必究

图书在版编目（CIP）数据

职业指导与创业教育 / 杜巍主编. —北京：北京理工大学出版社，2020.7 （2022.9重印）
ISBN 978-7-5682-8785-2

Ⅰ. ①职⋯　Ⅱ. ①杜⋯　Ⅲ. ①职业选择-高等职业教育-教材　Ⅳ. ①G717.38

中国版本图书馆CIP数据核字（2020）第134559号

出版发行 / 北京理工大学出版社有限责任公司
社　　址 / 北京市海淀区中关村南大街5号
邮　　编 / 100081
电　　话 / （010）68914775（总编室）
　　　　　（010）82562903（教材售后服务热线）
　　　　　（010）68944723（其他图书服务热线）
网　　址 / http://www.bitpress.com.cn
经　　销 / 全国各地新华书店
印　　刷 / 北京虎彩传播有限公司
开　　本 / 710毫米×1000毫米　1/16
印　　张 / 11.5　　　　　　　　　　　　　　　责任编辑 / 孙　澍
字　　数 / 175千字　　　　　　　　　　　　　文案编辑 / 孙　澍
版　　次 / 2020年7月第1版　2022年9月第4次印刷　责任校对 / 周瑞红
定　　价 / 26.00元　　　　　　　　　　　　　责任印制 / 施胜娟

图书出现印装质量问题，请拨打售后服务热线，本社负责调换

前　言

"好岗难求，良将难遇"，八字真言道出了当前就业市场的两难状况。我国职业生涯教育起步晚，发展慢。近年来各高校普遍重视专业技术能力的培养而忽视了职业生涯教育，特别是忽视了职业能力中关键能力的培养。

随着社会的发展，大学生创业已成必然趋势。开展大学生创业教育是顺应时代发展和大学教育要求。培养具有创业精神和创业能力的新世纪的优秀大学生，是大学教育的重要目标之一。为每一个梦想和立志创业的大学生，在大学就读期间提供理性、实用、针对性强的创业教育，帮助他们在创业精神、创业知识、创业能力、创业心理等方面打下基础，最终助推大学生成功创业，是大学创业教育的现实任务。为此本书从创业教育的内涵和特点出发，借鉴国际经验，提出我国在开展大学生创业教育的过程中应该注意创业教育内容的全面性、创业教育氛围的社会性、创业教育课程的系列性和创业教育实践活动的有效性。

本书力求在理论指导的基础上，结合高校毕业生创业过程中的典型案例，并对其进行分析，深刻理解创业者的内涵，了解成功创业者具备的素质，培养创业意识和创业精神，了解创业机会的来源，学会分析创业机会。

编写本书，目的在于帮助求职者了解用人单位的需求，认清自我，克服缺点，发挥优势，明确求职、创业的方向，在职前学习阶段有目的地向求职目标靠拢，缩小角色差距，使毕业生进入职业生涯阶段后能迅速成长为优秀员工或成功的创业者。

本书在编写中通篇以励志为主，案例生动、简明扼要，文字优美、富有哲理，丰富思想、润泽生命。

本书由长春职业技术学院杜巍主编，长春职业技术学院的吕艳春、齐艳春、郭妍任副主编。

在编写过程中，参编人员在网上浏览了大量信息，借鉴和参考了大量相关资料和文献，并直接引用了一些专家、学者的相关专著、教材和论文，以及教育同行的经验和案例，这里不一一注明，在此对这些不知姓名的合作者表示深深的谢意。因部分资料无法查找原作出处而未能标明引用来源，在此向这些作者表示歉意并保留原作者的版权。

希望此书能帮助职前学习者有效地向目标岗位迈进，在通往灿烂明天的路上跑得更快、飞得更高，迈好职业生涯的第一步，为未来的成功铺就基石。

由于时间和编者水平有限，书中难免有疏漏和不妥之处，恳请读者批评指正。

2020 年 7 月

目　录

第一篇章　创业教育	1
第一节　创业意识与创业精神	5
第二节　创业基本条件	21

第二篇章　职业与就业指导	61
第一节　求职前准备	65
第二节　简历制作与设计	79
第三节　自我介绍	101
第四节　求职面试技巧	117
第五节　就业政策与法规	125
第六节　搜集就业信息	149
第七节　企业文化	157
第八节　从学生到职业人的角色转换	165

附件1　毕业生就业协议书范文	170
附件2　报到证范文	174
参考文献	176

第一篇章　创业教育

随笔

创业是一个不停追赶梦想的过程,更是一个在奋斗中砥砺心智的过程。创业者是创业的主导因素,优秀的创业者应具备良好的创业素质,良好的创业素质将引领创业团队走得更远。

创新创业是在创新基础上的创业活动,创新是创业的基础和前提,同时创业又是创新成果的载体和呈现,并在创业活动过程中不断优化资源配置、总结提炼,以实现创新的更新与升级。创新带动创业,创业促进创新。

1. 什么是创新?什么是创造?二者的区别是什么?
2. 创新的底线是什么?创新的重要性是什么?
3. 创新人才的特点是什么?激发个人创新的方法有哪些?
4. 以小组为单位,通过网络搜集一则创新创业案例,仔细阅读分析案例资料,分别从不同岗位职责角度进行讨论,说说给你什么启示。

第一节　创业意识与创业精神

【创业宝典】

1. 什么样的人不具备创业素质?

心理学家认为以下人员不具备创业素质:

(1) 缺少职业意识的人。

(2) 优越感过强的人。

(3) 唯上是从,只会说"是"的人。

(4) 偷懒的人。

(5) 片面和骄傲的人。

(6) 僵化和死板的人。

(7) 感情用事的人。

(8) "多嘴多舌"和"固执己见"的人。

(9) 胆小怕事、毫无主见的人。

(10) 患得患失而又容易自满的人。

2. 马云曾说:"唯一不变的是变化。"创新是企业的灵魂,要么创新,要么灭亡。创新不仅能推动人类文明进步、引领民族昌盛,同时企业要做大做强,实行可持续发展也离不开创新的力量。

在"大众创业,万众创新"的整体氛围下,全民创业、多元化创业时代已经到来。党的十八大提出:"以创业带动就业,使更多的劳动者成为创业者。大学生是最有活力与创造力的群体,蕴涵着巨大的创造热情和创业潜能。要把鼓励大学生创业摆在重要位置,积极营造良好环境,加大政策扶持,为大学生创业构建绿色通道。"作为青年创业的主力军,大学生创业成为提升个人综合素质、实现自身价值以及建立创新型国家的重要手段。

一、创新引领创业

（一）创新的含义

创新是以新思维、新发明和新描述为特征的一种概念化过程。起源于拉丁语，它原意有三层含义：第一，更新；第二，创造新的东西；第三，改变。

新的技术、新的产品、新的工艺或者新的业务从最初开发到实际应用，并且产生经济和社会价值的过程叫作创新。

创造是指将两个以上概念或事物按一定方式联系起来，以达到某种目的行为，或想出新的方法、创建新的理论、创造出新的成绩和东西，在自己创新的基础上制造新事物。

创新是人类特有的认识能力和实践能力，是人类主观能动性的高级表现形式，是推动民族进步和社会发展的不竭动力。一个民族要想走在时代前列，就一刻也不能停止理论创新。创新在经济、商业、工程技术、社会学以及建筑学这些领域的研究中有着举足轻重的作用。口语上，经常用"创新"一词表示改革的结果。改革被视为经济发展的主要推动力，促进创新的因素也至关重要。

（二）创新的实质与特征

创新的实质即变革旧事物，将其更新为新事物。创新具有以下特征。

1. 目的性

任何创新活动都有一定的目的，这个特性贯穿于创新过程的始终。创新总是围绕解决某一问题而进行的，总是与完成某一任务相联系，创新的最终目的是不断满足人类自身生存发展的需要。

2. 变革性

创新是对已有事物的改革与革新，是一种深刻的变革。故步自封，安于现状，不思变革，就不会有创新。

3. 新颖性

创新是对现有不合理事物的抛弃，是革除过时内容、确立新事物的过程。只有对原有事物注入新的因素才能使其得以更新、发展和突破。

4. 价值性

创新的成果必须具有明显的、具体的价值，必须能够满足人们的某种需求，能够对促进经济社会的发展具有一定的效益，否则，创新就失去了意义。

5. 发展性

创新是不断发展的过程，是创造新知识、应用新知识并不断发展知识的过程。对知识创造、应用、再创造、再应用的循环往复是人类创新永无止境、无限发展的客观规律。在知识经济的时代，创造知识和应用知识的能力与效率将深刻影响一个国家综合国力和国际竞争力。

（三）创新思维

创新思维是指以新颖独创的方法解决问题的思维过程，通过这种思维能突破常规思维的界限，以超常规甚至反常规的方法、视角去思考问题，提出与众不同的解决方案，从而产生新颖的、独到的、有社会意义的思维成果。

创新思维的本质在于用新的角度、新的思考方法来解决现有的问题。

（四）创新人才的特点

所谓创新型人才，就是具有创新精神和创新能力的人才，通常表现出灵活、开放、好奇的个性，具有精力充沛、坚持不懈、注意力集中、想象力丰富以及富于冒险精神等特征。

1. 好奇——创新意识的萌芽

黑格尔说过："要是没有热情，世界上任何伟大事业都不会成功。"所有个人行为的动力，都要通过他的头脑，转变为他的愿望，才能使之付诸行动。如果一个学生仅仅记住了数学的各种定理与公式，而不能把学到的知识用于发现新问题，不能解决实际问题，只学习老师讲的知识，只记忆书本上的知识，是远远不够的。学生应在课堂上学到知识的基础上，勇于探索，善于创新。教师应在教学中引导和培养学生的好奇心理，这是唤起创新意识的起点和基础。

2. 兴趣——创新思维的营养

我国伟大的教育家孔子说："知之者不如好之者，好之者不如乐之者。"可见他特别强调兴趣的重要作用。兴趣是最好的老师，兴趣是感情的体现，是学生主动学习的内在因素。事实上，学生只有感兴趣才能自觉、主动、竭尽全力地去观察、思考它和探究，才能最大限度地发挥主观能动性，在学习中产生新的联想，进行知识的移植，作出新的比较，研究出新的成果。强烈的兴趣是"敢于冒险、敢于闯天下、敢于参与竞争"，这才是创新思维的营养。

3. 质疑——创新行为的举措

质疑思维是指创新主体在原有事物的条件下，通过"为什么"（可否或假设）的质疑综合多种思维改变原有条件而产生新事物、新观念、新方法的思维。即质疑思维方法是在原有事物的基础上进行"假设性"提问，所以这种方法又叫作设问法。

质疑的过程是积极思维的过程，是提出问题、发现问题的过程，因此，质疑中蕴含着创新的萌芽，是创新的起点。创新能力的培养可以从质疑开始。

我国古代教育家早就提出"前辈谓学贵为疑，小疑则小进，大疑则大进""学从疑生，疑解则学成"。

在教学中，质疑是以智力多边互动为主的教与学相互作用的教学活动。质疑的指导思想是"以学生为中心"，多渠道培养学生的创新能力、发挥学生的主体作用，让他们积极地参与学习的过程，做学习的主人，开启他们的创新思维的闸门。

（五）创新思维的特点

1. 独创性——思维不受传统习惯和先例的禁锢，超出常规

在学习过程中对所学定义、定理、公式、法则、解题思路、解题方法、解题策略等提出自己的观点、想法，提出科学的怀疑、合情合理的"挑剔"。

2. 求异性——思维标新立异，"异想天开"，出奇制胜

在学习过程中，对一些知识领域中长期以来形成的思想、方法，不信奉，特别是在解题上不满足于一种求解方法，谋求一题多解。

3. 联想性——面临某一种情境时，思维可立即向纵深方向发散展开

在学习过程中，觉察某一现象后，立即设想它的反面。这实质上是一种由此及彼、由表及里、举一反三、融会贯通的思维的连贯性和发散性。

4. 灵活性——思维突破"定向""系统""规范""模式"的束缚

在学习过程中，不拘泥于书本所学的、老师所教的，活学活用。

5. 综合性——思维调节局部与整体、直接与间接、简易与复杂的关系

在诸多信息中概括、整理，把抽象内容具体化，繁杂内容简单化，从中提炼出较系统的经验，从而理解和熟练掌握所学定理、公式、法则及有关解题策略。

（六）激发人才的创新方法

要想真正发挥创新潜能，除了要有敢于尝试与创新的勇气，还必须精心地培育创造力。这里罗列许多成功人士常用的方法。

1. 及时记录创新想法

人们在工作、生活、交际和思考过程中，常会出现许多想法，而其中的大部分都会因为不合时宜而被人们放弃直至彻底忘却。

其实，在创新领域里，从来就不存在"坏主意"这个词汇。三年前你的某个想法也许不合时宜，三年后却可能成为真正的好主意。而且那些看来是荒诞的远非成熟的想法，也许更能激发你的创新意识。

如果你能及时地将自己的想法记录下来，那么当你需要新方法时，就可以从回顾旧主意着手。而这样做，并不仅仅是为了给旧主意以新的机会，更是一种重新思考、重新整理的过程，在这个过程中可以轻松地捕捉到新的创新性的思想。

2. 自己否定自己

如果不问"为什么"，你就不易产生创新性的见解。

为了避免常犯错误，成功者总是透过所有的表面现象寻找真正的问题。他们从来不把任何事情看作是理所当然的结果；他们也从来不把任何事情看作是水到渠成的过程。

那些不明确的，看来似乎是一时冲动提出来的问题，往往包含着更多的创新性思维的火花。

提到创新，许多人会想到著名的达维多定律，它是以英特尔公司前副总裁威廉·达维多的名字命名的。达维多认为，在网络经济中，进入市场的第一代产品能够自动获得50%的市场份额。因此，一家企业要想在市场中总是占据主导地位，那么它就要永远第一个开发出新一代产品，尽管产品那时还并不完美。作为第二或第三家打入市场，效果绝对不如第一家。达维多还认为，任何企业在本产业中必须第一个淘汰自己的产品，即要尽快使产品更新换代，而不要让激烈的竞争将产品淘汰掉。这实际上是在"互联网时代"生存的必然结果。英特尔公司在产品开发和推广上奉行达维多定律，始终是微处理器的开发者和引领者。他们的产品不一定是性能最好的和速度最快的，但他们做到一定是最新的。为此，他们不惜淘汰自己哪怕是市场卖得好的产品。

从达维多定律可以看出，竞争就是要创造或抢占先机。"先入为主"是一条绝对的真理。要保持第一，就必须时刻否定并超越自己。可以说，创新制胜，保守失败。创造力是最宝贵的财富，如果你有这种能力，就能把握生活的最佳时机，从而缔造伟大的奇迹。

3. 经常表达自己的想法

如果你有想法，不管是什么样的想法，都应当表达出来。如果是独自一人，你就对自己表达一番；如果身处群体之中，你不妨告诉其他人共同进行探讨。

一个人一生中的大多数想法，都被无意识的自我审查所否决。这种无意识的自我审查机制将一切离奇的想法都当作"杂草"，巴不得尽快地加以根除。

循规蹈矩的心境里没有"杂草"，同时循规蹈矩的心境里也没有创造力。你想要有创造力，就必须照料好每一株"杂草"，把它们当作有潜在经济价值的作物。

把你不寻常的离奇想法说出来，把它们从头脑中解放出来。一旦它们进入到交流领域之中，便能够免受无意识领域中自我审查机制的摧残。这样做，你将有机会更仔细且更充分地去审视、探索和品味，去发现它们真正的实用价值。

4. 永远充满创新的渴望

满足于现状，就不会渴望创造。没有乐观的期待，或者因为眼前无法实现而不去追求，都会妨碍创造力的发挥。

发明家和普通人其实是一样的，所不同的是，他们总是希望有更好的方法。系鞋带时，他们希望有更简便的方法，于是有了带扣、按扣、橡皮带和磁铁带。煮饭时，他们希望省去擦洗锅底的烦恼，于是便有了不粘锅的涂料。

所有这一切，都来源于改变现状的愿望。

5. 换一种新的方法来思考

墨守成规不可能产生创新力，也无法使人脱离困境。

有人喜欢用比较分析法来思考问题。面临抉择，总是坐下来将正反两方面的理由写在纸上进行分析比较；也有人习惯用形象思维法，把无法解决的问题画成图或列成简表。换一种方法去思考，或交替使用各种不同的思考策略。试试看，也许，最难的抉择也会迎刃而解。

6. 有了创新性的想法，努力去实施

有了创新性的想法，如果不去努力实施，再好的想法也会离你而去。想努力去做，却又因为短期内收不到成效而不持之以恒，你也会同成大事者失之交臂。爱迪生说："天才是1%的灵感加99%的汗水。"这是他的至理名言，也是他的经验。

坚持努力，持之以恒，才会如愿以偿。

（七）当前我国大学生自主创新的现状

大众创业，万众创新，通过加强全社会以创新为核心的创业教育，弘扬"敢为人先、追求创新、百折不挠"的创业精神，厚植创新文化，不断增强创新创业意识，使创新创业成为全社会共同的价值追求和行为习惯。但目前，我国创新创业理念还没有全面普及，创业教育培训体系还不健全，大学生的创业能力还有待提升，具体表现为以下几个方面。

1. 好奇心强，但创新意识贫乏

大学生已不满足现成的结论，具有强烈的好奇心，并对事物因果关系的规律性探索越来越感兴趣，独立思考和独立判断的能力逐步加强。但由于多种因素原因，大学生的好奇心还没有落实到行动中，缺乏创新的意识和投身实践的勇气。

2. 有创新热情，但创新精神不佳

在"大众创业，万众创新"的时代，随着国家和地方政府对大学生创新创业的积极支持以及教师的积极引导，大学生有了一定的创新热情，但由于缺乏对社会的全面了解，很多大学生没有明确的创新目标，这使他们虽然不满足于现状，但往往只是牢骚满腹、唉声叹气，缺乏积极行动和积极创新的精神。

3. 思维敏捷，但缺少创新思维方法

大学生一般为二十岁左右的年轻人，正处于思维创造能力发展的重要阶段。随着知识和经验的不断积累，想象力、思维能力，尤其是逻辑思维能力有了很大程度的提升，思维也较敏捷。但由于他们的知识面不够宽广且缺乏实践经验，他们的思维方式比较单一，思考问题时缺乏灵活性和全面性。

4. 具有一定的创新想法，但缺乏创新技能

如今，大学生对创新已有了一定的认识，且希望在学习中产生新思想与新理论，积极寻找新的学习方法。但由于学校创造性学习条件的局限，加之自身缺乏创设以及对学校条件的利用，大多数大学生往往不能把握本学科最新发展的动态，常常是闭门造车，不去向知识和经验丰富的教师或能力较强的学生请教，不重视相关学科的知识迁移等，导致其创新技能缺乏。这些都限制了大学生创新能力的进一步发展。

（八）创业与创业精神

1. 创业的含义

创业是指创立基业或创办事业，也就是自主地开拓和创造业绩与成就，是愿意吃苦、有创新精神的人，通过整合资源，捕捉商机，并把商机转化为盈利模式的过程。

创业有广义和狭义之分。广义的创业是指创业者的各项创业实践活动，其功能指向是成就国家、集体和群体的创办新企业。广义的创业强调创业行动，壮大旧企业（事业、实体）。对企业、事业组织、实体、工程等进行拓展、创新、改造、治理、提升品质等行为，都可以被划为创业的范畴中，以区别于守业、败业等从业行为。因此，广义的创业涵盖了企业成长过程的任何阶段，即所谓的再创业、继续创业、成长型创业、拓展型创业、竞争性创业等。广义的创业与实际的创业情况更加接近，且符合广大创业者对创业科学的看法。狭义的创业是指创业者的生产经营活动，主要是开创个体和家庭的小业，包括从筹备企业到企业稳定成长的全过程。例如，创业者开办个体或家庭的小企业，开展相关业务经营活动的过程。目前，大学生所进行的创业就属于狭义范围内的创业，是大学生结合当前经济社会发展现状，根据国家促进大学生就业与创业的政策要求，运用所学的创业知识和专业技能，寻找并抓住创业机会，创造出新产品、新服务，实现人生价值的全过程。

在高等院校的创业教育中，创业是指学生以所掌握的知识为基础，以风险投资基金为资助，开创性地将教学科研中的创新成果转化为具有广阔前景的新技术、新产品和新服务，最终建立起具有发展潜力和影响力的新企业甚至新产业的一系列活动。

综上所述，创业可被理解为发现、创造创业机会，寻找、利用创业资源，运用有效的商业模式组合生产要素，创立新的事业，以获得商业成功和产业财富的过程或活动。

2. 创业的要素

创业是创业主体在一定的创业环境下识别机会，获取并整合创业资源，形成创意并指向具体的创业项目的创造性活动。创业主要由创业者、创业环境、创业机会、创业资源及创业项目五个要素构成。

（1）创业者

创业者是创业过程中处于核心地位的个人或团队，是创业的主体。创业者在创业过程中，起着关键的推动作用和领导作用，包括识别商业机会、创建企业组织、融资、开发新产品、获取并有效配置资源、开拓新市场等。因此创业者的素质和能力是创业成功的第一要素。

（2）创业环境

创业环境是指影响创业者进行创业活动的各种不可控制的因素和力量。创业环境是客观存在的，创业者的创业活动总是在一定的创业环境中进行。

创业环境对创业活动具有双重影响。一方面，有力的创业环境能够支持和促进创业活动的进行。另一方面，不利的创业环境则可能增加创业风险，使创业活动遭受挫折甚至失败。

（3）创业机会

创业机会主要是指具有较强吸引力的、较为持久的、有利于创业的商业机会。创业者据此可以为客户提供有价值的产品或服务，并同时使自身获益。从创业者的角度来说，创业机会是创业的起点。创业过程是创业者围绕创业机会进行的识别、开发和利用过程。

（4）创业资源

创业资源是创业者开展创业活动的基础，是新企业所拥有的或者所能支配的为了实现企业生存和发展战略目标，在创业过程中，先后投入与利用的内外部各种有形与无形资源的总和。没有创业资源的支撑，创业者即使有再好的外部创业机会，也不能开展创业活动，从企业创业初始到企业退出市场，创业资源的获取与整合，伴随着整个创业过程，并对创业过程的开展产生重要的影响。

一般来说，创业资源主要包括物质资源、资金资源、人力资源、技术资源、社会资本和信息资源六类。

（5）创业项目

创业项目是创业活动的具体内容，是创业者将创业机会与创业资源进行有效整合，指向特定生产服务领域的生产要素的具体组合形式。创业项目是创业活动的载体，创业者在识别创业机会后，需要整合相关的创业资源，在具体的产业领域进行生产经营和管理。

创业的五个要素相互影响，有机匹配，形成了一个动态的创业系统。创业者只有积极地融入其他四个创业要素中，才能成为真正的创业者，离开了其他要素，创业者充其量只是潜在的创业者。创业环境外在于创业者，与其他要素结合，形成创业的整体环境，从而以其客观存在对创业活动产生影响。创业资源是成就创业机会的物质基础。创意的思想灵光能否闪现出财富或者价值，取决于承载他的创业资源是否厚实，创业项目使所有的创业活动有了具体而实在的内容。离开了具体的创业项目，所有关于创业的活动，都只能停留在计划阶段。

二、创业意识与创业精神

（一）创业精神

创业精神是开创事业的思想和理念，既包括创业的需要，又包括创业的方法。创业精神是在实践活动中产生的，存在于创业者的主观世界中。作为一种精神动力，可以说没有创业精神就不会有创业行动。

创业者在创业活动中勇于创新、敢担风险、团结合作、坚持不懈的行为，是创业精神内涵的高度凝练。

创业精神的本质体现为变革、实践和拼搏。

1. 变革

创业就意味着创新，创新就意味着对现实的突破。创业是人们主观的、能动的实践行为，能够改变现有的环境条件，能够推陈出新。新的事业是人们通过自主变革创造出来的，没有创业，人们的生活环境就不会发生改变。新的事业成功以后，会产生更多的就业岗位，为更多的人提供就业机会。

2. 实践

一般来说，创业者并不是学完了全部创业知识后才开始创业的，而是在实践中边做边学。在实践中不断探索，创业者才能找到适合自己的创业之路。创业者只有敢于实践，才能迈出创业的第一步。也只有在实践中，才能设身处地地感受创业，才能获得更多的创业知识，才能提高自身的创业技能。同时，人的自我价值也在社会实践的创造过程中体现出来。

3. 拼搏

拼搏是顽强的意志的体现。创业者无论从事何种行业，都需要具有拼搏的创业精神。只有通过努力拼搏，创业者的创业理念才能够变成现实，创业的计划才能够变成财富。创业初期，大学生由于缺乏社会资源和经验，往往要经历很多的挫折和失败，因此更需要顽强拼搏的精神，这样最终才能获得成功。

对创业者来说，变革是知识的学习和再生产的基础，实践有助于对知识的理解和消化，拼搏则是积极进取、刻苦钻研的保障。因此，变革、实践和拼搏对于创业者具有重大的意义。

（二）创业类型

人们的创业活动是多种多样的，根据创业基础条件的不同，可以将其分为自主创业、脱胎创业和二次创业。

1. 自主创业

自主创业又称独立创业，是指创业者个人或创业团队，白手起家进行创业。自主创业可能基于各种原因，例如自己有了发明成果，并发现了它的商业价值；自身独立性强，不愿为别人打工；有条件创业，又抓住了创业机会；受他人自主创业成功的影响等。自主创业获得成功的例子不胜枚举。很多赫赫有名的企业家都是白手起家发展起来的。在创业过程中，创业者的智商、情商和财商可以得到最大限度的发挥。

2. 脱胎创业

脱胎创业，又称母体脱离创业，是公司内部的管理者，从公司中脱离出来，新成立一个独立企业的创业活动，这种创业者拥有创业所需的专业知识、经验和关系网络，生产和原公司相近的产品或提供类似的服务。

3. 二次创业

二次创业，是指企业内的创业。现在的大企业已经不是创业热潮中的旁观者或被动的应对者。一些知名的大企业也在积极地寻求和追逐新的创意和商业机会。在这种情况下，就会出现二次创业。

（三）创业意识

1. 创业意识的要素

创业意识作为创业过程中起促进作用的个性心理倾向，包括创业的需要、动机、兴趣、理想、信念等心理成分，支配着创业活动中创业者的态度和行为，是创业的动力因素。

创业需要是创业者对现有条件不满足而产生新的创业要求、愿望和意识，是创业活动中的最初诱因和动力。只有当创业需要上升为创业动机时，才能形成心理动力。创业动机是创业者从事实践活动的内部动力，对于创业行为产生促进、推动作用。创业动机标志着创业实践活动即将开始。创业兴趣能激发创业者的深厚情感和坚强意志，使创业意识得到进一步升华。创业实践活动取得一定成效时，便会引起创业者创业的兴趣进一步提高。创业理想是创业者人生理想的一部分。大学生创业近年来逐步由被动变为主动。

2. 创业意识的内容

创业意识是人们从事创业活动的强大内驱动力，是创业活动中起动力作用的个性因素，是创业者素质系统中的第一个子系统即驱动系统。创业意识实际上是一种上进的、想要改变现状的心理，主要包括以下几个方面。

商机意识：创业是一个持续不断的过程，从创建新企业到促进企业发展，到成功获得收效，再到进一步创新，是一个循环往复的过程。因此，创业绝对不是开业，也不会是一次性的行为，更不是暂时的成功。真正的创业者，会在创业前、创业中和创业后，始终面临识别商机、发现市场的考验。创业者必须有足够的市场敏锐度，可以宏观地审视经济环境，洞察未来市场形势的走向，才能作出正确的决策来保证企业的持续发展。

转化意识：实现创业梦想不仅仅要有商机意识，还要把握住机会，只有这样才能把商机转化成真实存在的利润和公司的持续运作，最终实现自己的创业梦想。转化意识就是把商机、机会等转化为生产力，使你的才能和在学校学到的知识转化为创业的智力资本、人际关系资本和营销资本。

战略意识：当下，拼体力、拼知识、拼创新已经退出了历史舞台，作为21世纪的大学生创业群体，创业者要正视自己的劣势，如资金短缺、社会经验不丰富等，运用战略战术经营自己的创业事业。为自己制订一个解决如何进入市场，如何提供产品及服务等基本问题的合理的创业计划，是在创业初期应该做的。创业中期需要制定整合市场、产品、人力方面的创业策略，转换创业初期战略。需要指出的是，创业战略不止有一种，也没有绝对的好坏之分，关键要适合自己的创业之路。在这条路上应时刻站在战略的高度，不以朝夕得失论成败。

风险意识：大学生作为创业浪潮中一支朝气蓬勃的主力军，作为校园新生代，他们既像初生的牛犊，不畏艰难险阻；又像初升的太阳，渴望事业成功。

创业虽然是学生成长、成功的机会，但也存在着巨大的风险。创业者不仅要认真分析自己在创业过程中可能会遇到的风险，还要懂得应对与化解。在创业过程中，风险意识与规避风险的能力也将直接影响创业的成败。

勤奋、敬业意识：李嘉诚说："事业成功虽然有运气在其中，主要还是靠勤劳，勤劳苦干可以提高自己的能力，继而就有很多机会降临在你面前。"大学生创业，仅仅停留在理论研究是不够的，一定要踏实、勤勉，在小投资中逐步积累经验，不要好高骛远。相对人脉和资金来说，好的思路和想法尤为重要。有好的思路和想法作为指引，勇敢地迈出创业的步伐，才会取得成功。古今之成大事业、大学问者，必须经过三种境界，"昨夜西风凋碧树，独上高楼，望尽天涯路"，此为第一境；"衣带渐宽终不悔，为伊消得人憔悴"，此为第二境；"众里寻他千百度，蓦然回首，那人却在灯火阑珊处"，此为第三境。

已故台湾首富王永庆在90岁高龄时，应邀到台北大学为学生做演讲。一位大学生这样请教王永庆："您能告诉我，在您一生成功的路程中，到底是勤奋重要，还是运气重要呢？"王永庆答："年轻人，我可以负责地告诉你，我一生勤奋就是为了证明我的运气比别人好！"

所以，作为当代大学生要审时度势不断提升创业意识，不仅要有创造梦想、善于发现机遇的意识，还要有坚守梦想、追寻梦想，坚持不断学习新知识、新技能、新经验，更要平和心态、调节情绪，以及具备脚踏实地直面挑战以及居安思危的意识。在校期间要有目的地培养和提升自身创业意识，与创业社团、专业、就业相结合，做具有创业意识的大学生。

三、创新是创业的本质特征

创新是创业的本质特征。无创新的创业，是低层次的创业，很难有持久的生命力。

创新意味着给市场引入了一种"新组合"。"新组合"包括：引进一种新产品或服务，提供一种新的生产方式，开辟一个新市场，掌握一种新的原材料的供应源或者创建一个新的组织。创业是实现创新的过程，创新存在于创业发展的全过程，而不局限于创业的初期阶段。

创业与创新是有联系又有区别的活动。创业是商业行为，创新是技术行为，这两个行为就像人的两条腿，要向前进谁也离不开谁，单条腿谁也蹦不远。

创业要有持久的生命力，创新就不能只看个人的兴趣偏好，而是要满足社会需求。创新必须与国家的经济社会发展和民生紧密联系起来，它是经济增长的引擎。创新的产生，取决于每个人或核心团队依靠知识和经验积累起来的想法和意图。

同时，创新不只是创造新的价值，也是取代旧的企业的活动。事实上，企业创建和更替的这种动荡、动态的过程正是经济复兴和增长的重要来源。

创新创业不是用金钱可以买来的，更不是用行政命令管出来的，它是用中国梦包容出来的。所以也可以把它看作是构建一种人人自主、自由干事业谋发展的新型生产关系。如今，一个想法产生的能量就可以改变一个世界，比尔·盖茨的微软、乔布斯的苹果、贝佐斯的亚马逊、马斯克的特斯拉、马云的阿里巴巴、马化腾的腾讯、李彦宏的百度、雷军的小米都是由梦想创造的人间奇迹。

个人和企业要勇于创新，全社会要厚植创业创新文化，让人们在创造财富的过程中，更好地实现精神追求和提升自身价值。我国有14亿人口，蕴藏着无限的创造力，千千万万个市场细胞活跃起来，必将汇聚成巨大的动能，一定能够顶住经济下行的压力，让中国经济始终充满勃勃生机。

探索与思考

1. 什么是创新？什么是创造？二者的区别是什么？
2. 创新的底线是什么？创新的重要性是什么？
3. 创新人才的特点是什么？激发个人创新的方法有哪些？
4. 以小组为单位，通过网络搜集一则创新创业案例，仔细阅读分析案例资料，分别从不同岗位职责角度进行讨论，说说给你什么启示。

随笔

做什么并不重要，重要的是怎么做。要自发地培养用不同思维、不同办法做事的习惯。同一件事，当你发现用不同方法把它越做越好时，你的收获已远大于事情本身。

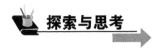

1. 创业的条件是什么？创业的核心内容是什么？
2. 寻找项目的原则是什么？
3. 简述创业人应具备哪些创业素养。
4. 简述蒂蒙斯创业理论。该模型为什么是倒三角形？
5. 什么是路演？什么是天使资金？
6. 创新创业大赛国赛都有哪些赛项？

第二节 创业基本条件

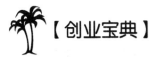【创业宝典】

1. 生意人以钱为本，一切为了赚钱；商人有所为，有所不为；企业家创造财富，为社会创造价值，具有社会影响力。赚钱是企业家的基本技能，而不是所有技能。所以志存高远的创业者需要有责任感、使命感，这样企业才能走得长远。

2. 做什么并不重要，重要的是怎么做。要自发地培养用不同思维、不同办法做事的习惯。哪怕是同一件事，当你发现用不同方法把它越做越好时，你的收获已远大于事情本身。

创业是创业主体在一定的创业环境下识别机会，获取并整合创业资源，形成创意并指向具体的创业项目的创造性活动。

一、创业者与创业素质

创业是一个追梦的过程，更是一个在奋斗中砥砺心智的过程。创业者是创业中的主导因素。优秀的创业者应具有良好的创业素质，良好的创业素质将引领创业团队走得更远。

对于创业者来说，创业应是理想、市场风险与能力以及综合资源整合的选择。人人都可以创业，但是创业并不适合所有人。不是每一个想创业的人都具备创业条件与能力，也不是每一个能创业的人都会取得创业成功。

（一）创业者

创业者是具有敢于冒险的创业精神，能发掘机会、整合资源、利用市场、创造新价值的事业的催生者与创造者。简单地说，创业者是企业创办的主体。创业者在创业过程中处于核心地位，可以是单独的个体，也可以是一个团队。

创业者基于实现自身价值的需要、追求满意生活方式的需要、获得他人认可和回报社会等需要，产生创业意识，萌生创业想法。同时，创业者的能力、素质与创业动机也对创业的成败起至关重要的作用。

（二）创业素质

所谓创业素质是指在创业过程中创业者所需要具备的各种特质的总和。素质是能力发展的基础。创业者成功途径各有千秋，有关创业素质的界定不尽相同，但创业者应该具备下列基本素质。

1. 强烈的创业欲望

无论是什么类型的创业成功者，他们都有共同的特质——强烈的创业欲望。欲望是一个人行动的内驱动力或原动力。创业者的创业欲望，有的来自现实生活的刺激，或对某一事物的热爱而强烈追求，或由于对财富的向往和追求。由此他们内心深处确立了目标并作为自己人生奋斗的方向。为了实现这个目标，取得创业成功，他们作出一些"超常规"的行动。这份强烈的创业欲望，能帮助创业者克服创业道路上的各种艰难险阻，开启人生的创业之门。

2. 明确的创业目标

创业者首先要有对自己人生进行规划的能力，将人生分阶段、细致的规划。同时创业者也应对创业项目进行系统的规划与预见。有明确的创业目标并为创业目标而努力，不仅能规划创业方向，同时也能时刻为创业注入热情。

3. 大胆的冒险精神

所谓冒险精神，并非仅指跨入未知的土地、未知的领域，关心别人所不注意的问题。以自己独特的思考力和方法去考虑和处理问题，才是冒险精神的重要因素。

当一个机会突然出现时，风险肯定随之而来，只有敢于冒险才能果断地抓住机会。胆子大则是其中的关键，胆子大就有勇气承担风险，这种特质在转折时刻至关重要。

创业本身就是一项冒险活动。市场经济呼唤具有风险意识和创新精神的创业者和企业家，而具备这种素质的人才实在太缺乏了。在面对困难、选择时，需要创业者具备审时度势的能力与权衡取舍的魄力。孙中山先生十分赞赏美国人的冒险精神。他认为，美国进步、发展之所以很快，就是因为美国人"皆有冒险之精神"。从认识规律讲，没有冒险就没有失败，同时也没有成功。

4. 丰富的知识储备

知识和财富是紧密联系在一起的，从某种意义上来说，知识就是财富。创业者在创业过程中要扮演"一专多能"的角色，丰富的知识储备是不可或缺的。创业者要熟练掌握行业相关知识、企业运营技术、市场营销、财务会计、国际贸易以及经营管理相关的法律法规等，同时要及时关心时事政治、准确地把握国家政策，做到学以致用、活学活用，这样才能为创业奠定坚实的理论基础。

5. 良好的身体素质

健康的体魄和豁达的心态是事业发展的基础。创业者在创业过程中拥有良好的身体素质更为重要。健康的身体是最大的财富，可以使创业者更加从容地克服创业路上的苦难。

总之，创业者需要的是综合素质，每一项都很重要，不可偏废，缺少哪一项都必然影响事业的发展。有些素质是天生的，但大多数可以通过后天的努力而完善。如果从现在做起，时时历练，提升自身素质，创业者的创业成功一定指日可待。

二、创业机会与创业项目

有人认为，创业想法的产生是机缘巧合，所谓"无心插柳柳成荫"。不过，有些研究创意的专家则认为，创意只是冰山一角，如果没有平日的用心耕耘，机缘也不会如此凑巧。曾经无数人看到苹果落地，有人捡起苹果吃了，有人看着苹果腐烂，只有牛顿能产生地心引力的联想。所谓的机缘巧合或第六感的直觉，都缘于创业者平日培养出感知环境变化的敏锐观察力。

（一）创业机会

创业机会是指可以创造价值的机会，由一系列可以创造价值的想法、信念或行动组成。新的想法不一定会创造价值（经济价值），但行动可以激发人们去实现这一目标（行动结果）。

1. 如何寻找创业机会呢？

（1）问题转化为创业机会

创业的根本目的是满足顾客的需求，而顾客需求在没有满足前就是问题。善于发现和体会自己及他人的需求或生活中的难处是寻找创业机会的一个重要

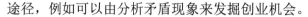

途径，例如可以由分析矛盾现象来发掘创业机会。

（2）由变化发掘创业机会

创业机会大都产生于不断变化的市场环境。环境变化了，市场需求、市场结构必然发生变化。这些变化体现在生活的各个方面。著名管理大师彼得·德鲁克将创业者定义为能"寻找变化并积极反应，把它当作机会充分利用起来的人"。这种变化主要来自消费结构升级、产业结构的变动、城市化加速、政府政策的变化、人口思想观念的变化、人口结构的变化、居民收入水平提高、全球化趋势等诸多方面。

（3）创造发明带来创业机会

创造发明提供了新产品、新服务、新观念，在能够更好地满足顾客需求的同时也带来了创业机会。

（4）竞争引发创业机会

弥补竞争对手的缺陷和不足，也将成为企业的创业机会。可以观察一下周围的公司，是否能比他们更快、更可靠、更便宜地提供产品或服务，是否能做得更好，若能，你也许就找到了机会。

（5）新知识、新技术、新服务的产生带来创业机会

例如，随着健康知识的普及和技术的进步，围绕"水"带来了很多创业机会，上海有很多创业者加盟"都市清泉"走上了创业之路。

2. 创业机会的特征

（1）普遍性

凡是有市场、有经营的地方，就存在着创业机会。创业机会普遍存在于各种经营活动之中。

（2）偶然性

创业机会在大多数情况下是偶然形成的，尽管它普遍存在于身边的事物中，但人们并不能轻易捕捉到。人们越是刻意寻找创业机会，就越是难以见其踪影，往往在毫无准备的时候，它却突然出现在人们面前。

创业机会虽是偶然现象，但却是客观事物内在必然性的表现。如果没有平时知识的积累、辛勤持久的探索，即使创业机会出现了，人们也会认为这不过是一种偶然现象，无法准确把握。

（3）易逝性

创业机会存在于一定的时空范围之内。随着产生创业机会的客观条件不断

变化，创业机会随时会相应地消失和流失。"机不可失，时不再来"就是对创业机会易逝性的最好说明。

（4）隐蔽性

生活充满了机会，机会每天都会出现在人们的身边，甚至触手可及的地方。可惜的是，大多数人都意识不到它的存在，创业机会更是如此。正因为创业机会具有隐蔽性，才使它在人们心目中神秘和可贵。如果没有了隐蔽性，人们一眼便能看到机会，一伸手就能触摸到它，这也就不能称之为创业机会了。

创业机会是一种可能的赢利机会，它需要实体企业付出实际的行动，通过具体的业务经营管理来实施，以实现既定的赢利目的。

（二）创业项目

创业项目是创业者为了达到商业目的具体实施和操作的工作。创业项目种类很多，按照行业属性可以分为餐饮、服务、零售等门类，按照载体形式可以分为互联网创业项目和实体创业项目。从更大的范围来说，加盟一个品牌，开一间小店，也算是一个创业项目。

从观念上来看，创业项目分为传统创业、新兴创业以及最新兴起的微创业。从方法上来看，创业项目分为实业创业和网络创业。从投资上来看，创业项目分为无本创业、小本创业、微创业等。从方式上来看，创业项目分为自主创业、加盟创业、体验式培训创业和创业方案指导创业。自主创业需要资金链、人员、场地、产品等多项内容的系统化规划，创业起步较高，风险较大。加盟创业比较普遍，而且比较专业化、规模化。

1. 选择创业项目需遵循的原则

（1）选择国家政策鼓励的行业

创业者要开创自己的事业，就要知道哪些行业是国家政策鼓励和支持的，哪些行业是国家政策允许的，哪些行业是国家政策限制的。创业者要选择国家政策鼓励和支持、有发展前景的行业。

（2）选择适应社会需求的行业

创业项目的选择，不能仅凭创业者自己的想象和愿望，要从社会需求出发，以市场为导向，了解市场需要什么、需要多少，谁会来购买产品或服务，竞争对手有哪些等。顾客的需求有现实需求和潜在需求之分，一个成功的创业者，不仅要了解和满足顾客的现实需求，更要创造需求，创造市场。

（3）量力而行，选择适合自己的项目

创业有风险，创业者必须量力而行。尽量避免风险大的项目，将有限的资金投入风险较低、规模较小的项目中去，选择适合自己的项目，从小钱开始赚起，脚踏实地，积少成多。

（4）选择有一定创新的项目

创新是企业的生命。持续创新是企业重要的生存之路。创新也是创业成功的关键。对创业者来说，创新更具紧迫性和重要性。创业者选择的项目要有一定的创新性，但不需要选择全新的项目，全新的项目市场推广的难度会非常大，风险也非常高。一般来说，创业者可在项目上进行国际水平跟踪，作局部性的改良，可以将现有领域先进性的东西引入自己的项目，进行组合创新。

2. 选择创业项目的途径

（1）从创意中选择创业项目

创意是一种创新性的想法，具有创业指向。创意经过完善和加工后，可以发展成一个极富赢利能力的创业项目。有价值潜力的创意一般具有以下基本特征。

① 独特、新颖，难以模仿。创业的本质是创新。创意可以是新的技术和新的解决方案，也可以是差异化的解决办法，还可以是更好的措施。

② 客观、真实，易操作。有价值的创意绝对不会是空想，而应有现实意义和使用价值。对创意的判断标准是：该创意能够开发出有价值的产品或服务，而且市场存在该产品或服务的真实需求，或可以挖掘潜在消费者接受产品或服务的方法。

③ 创造价值。有潜力的创意，可以为客户和创业者创造价值。创意的价值要靠市场检验。成功的创业者能够把创意发展为可以经受市场检验的产品。

（2）选择自己能够坚持下去的创业项目

创业者选择的创业项目，应与创业者个人的理想追求相吻合。只有创业项目符合个人的理想目标，创业者才能保持创业的动力，坚持做下去。此外，创业者所选择的项目难度不应太大，否则一旦出现问题，企业将无法发展下去。

（3）拓宽信息的渠道

对创业者来说，拓宽信息的渠道主要有互联网、图书馆、电话号码黄页、朋友、竞争对手、投资贸易洽谈会、展览会、政府有关部门等。此外，常与一些企业家接触或参加一些创业讲座等也可以得到有关信息。

（4）借助"机会选择漏斗"进行筛选

在现实生活中，适合创业的机会并不是很多，创业者需要借助"机会选择漏斗"一层又一层筛选，在众多机会中，选择出真正适合自己的创业机会。

一般而言，较好的创业机会有以下五个特点：一是在前景市场中，未来五年内的市场需求可以稳步快速增长；二是创业者能够获得该机会所需的关键资源；三是创业者不会被锁定在刚性的创业路径上，而是可以中途调整创业的技术路径；四是创业者有创造新的市场需求的可能性；五是特定机会的商业风险是明朗的，且至少创业者能够承受相应风险。

面对较好的创业机会，创业者需要面临以下四个问题：能否获得自己缺少、但他人控制的资源；遇到竞争对手时，自己是否有能力与之抗衡；是否存在可能创造的新增市场；是否有能力承受机会的各种风险。

3. 选择创业项目的注意事项

（1）切勿盲目跟风

创业者要清楚认识自己与别人在条件上的差异。如果不做调查分析而盲目跟风，最终可能会失败。从事市场中热门行业的人，不见得都会赚钱。有时一些暂时冷门的行业，反而有更好的前景。

（2）要关注机会窗口

创业者选择了适当的创业机会，还需要在适当的时间启动创业、进入市场，这一适当的时间段，就是创业的机会窗口。换言之，特定的创业机会，仅存在于特定的时间，创业者只有在这一时间启动创业，进入市场，才有可能获得相应的商业回报。相反，如果创业者在机会窗口敞开之前或之后行动，那都可能血本无归。一般而言，特定机会的时间跨度越大，市场成长性越好，机会窗口也就越大。

（3）要注意投资人的选择

本着互补的原则，创业者应该选择对自己最有利的投资人，即投资人不仅能够在资金方面给予创业者支持，还能够给新企业带来品牌效益、更多的业务和更健全的管理，有利于新企业的发展。

具体而言：

① 要选择适合自己的项目。俗话说："隔行如隔山。"应尽量选择与自己的专业、经验、兴趣、特长挂上钩的项目。

② 要看准所选项目或产品的市场前景。所发展的项目要有直观的利润。有

些需求很大，但成本高、利润低。

③ 要从实际出发，不贪大求全。当你瞄准某个项目时最好适量介入，以较少的投资了解认识市场，等到有把握时，再大量投入，放手一搏，不要嫌投入太少而利润小。"船小好掉头"，即使出现失误，也有挽回的机会。

④ 要尽量选择潜力较大的项目。选择项目不要人云亦云，尽量不要挑目前最流行、最赚钱的行业，不要没有经过任何评估就一头栽入。要知道，这些行业往往市场已饱和，就算还有一点空间，利润也大不如早期。

⑤ 要周密考察和科学取舍。对获取的信息要善于分析，没有经过实地考察，对现有用户经营情况不了解时，千万不要轻易投资。重考察，一要看信息发布者的公司实力和信誉，向当地工商管理等部门了解情况；二要看项目成熟度，有无设备，服务情况如何，能不能马上生产、上市等；三要看目前此项目的实际实施者在全国有多少、经营情况如何等。

⑥ 要做到三个"万万不可"。在项目实施过程中，万万不可先交钱后办事，不要把自己的辛苦钱，仅凭一纸合同或协议，就轻易付给对方；万万不可轻信对方的许诺。在签订合同时就应有所准备，防止对方有意违约给自己带来损失；万万不可求富心切，专门挑选看上去轻而易举就赚大钱的项目，越具有诱惑力的项目往往风险也越大。

三、商业模式与设计思路

（一）商业模式

商业模式是用以阐明某个特定实体的商业逻辑，它是一种包含了一系列要素及其关系的概念性工具。它描述了公司能为客户提供的价值以及公司的内部结构、合作伙伴网络和关系资本等实现（创造、推销和交付）这一价值并产生可持续盈利收入的要素。

商业模式的定义：能够实现客户价值的最大化，能够使企业运行的各种内外因素结合起来，从而形成一个具有独特核心竞争力、完整、高效率的运行系统，并通过最好的方式实现客户价值、满足客户需求，同时使系统达成持续盈利目标的整体解决方案。

商业模式的概念非常宽泛，有很多跟商业模式有关的说法，通常包括运营模式、盈利模式、B2B 模式、B2C 模式、"鼠标加水泥"模式、广告收益模式等。虽然商业模式是种简化的商业逻辑，但是依然需要用一些元素来描述这种商业逻辑。

用比较直白的话说，商业模式就是公司通过什么途径或方法实现盈利。换言之，饮料公司通过卖饮料赚钱，快递公司通过送快递赚钱，网络公司通过点击率赚钱，通信公司通过收话费和网费赚钱，超市通过平台和仓储来赚钱等。商业模式的存在就是为了赚钱，有赚钱的地方，就有商业模式。

（二）商业模式种类

可以把商业模式分为两大类：运营性商业模式和策略性商业模式。

1. 运营性商业模式

它侧重解决企业与环境的互动关系，包括与产业价值链环节的互动关系。运营性商业模式创造企业的核心优势、能力、关系和知识，主要包含以下几个方面的内容。

产业价值链定位：企业所处产业链条，在链条中的地位，结合自身的发展战略和资源条件如何定位。

盈利模式设计（收入来源、收入分配）：企业收入的来源，获得收入的形式，这些收入在产业链中分配的形式和比例，企业对分配的话语权。

2. 策略性商业模式

策略性商业模式是对运营性商业模式的扩展和利用。策略性商业模式涉及企业生产经营的各方各面。

业务模式：企业向客户提供的价值和利益，包括品牌、产品等。

渠道模式：企业向客户传递的业务和价值，包括渠道倍增、渠道集中和压缩等。

组织模式：企业建立先进的管理控制模型，比如建立面向客户的组织结构、通过企业信息系统构建数字化组织等。

（三）商业模式设计思路

1. 商业模式设计概述

商业模式设计关乎企业成败。企业应按照发现和验证市场机会、系统思考、打动人心的产品概念、产品定义、财务分析以及提供组织保障等六大步骤设计适合自己的商业模式。

2. 商业模式设计六个步骤

（1）发现和验证市场机会

首先，企业必须明确为哪部分人服务，锁定一个相对具体的市场，进行市场调研和客户消费心理研究，把有限的资源用在刀刃上。其次，企业要花时间去研究这部分目标客户目前存在的问题。再次，企业必须把客户需求分层：重要而且迫切、重要但不迫切、迫切但不重要还是既不重要也不迫切。把握住客户既重要又迫切的需求就容易成功。

企业还需考虑客户的购买动机，一般来说，温饱型客户最关心经济因素（即价格），小康型客户最关心功能因素（实用价值），而富裕型客户最关心心理因素（面子）。因此，不同群体所处的社会阶层会影响他们对解决方案价值的评估。

如何给客户提供独到的价值呢？企业可以从四个方面考虑：第一，你强化了什么要素？即突出那些比现有解决方案更好的因素；第二，你弱化了什么要素？即尽量减少那些客户并不在意的费力不讨好的东西；第三，你去掉了什么要素？即去掉那些客户用不到的功能；第四，你创新了什么要素？即那些独创的内容。

有了初步的产品创新设想后，企业必须与目标客户沟通，检验自己的想法是否有实际意义。同时，还必须了解客户是否愿意付出一定的代价来消费这个产品，切换成本有多高，这是市场调研时最容易忽视的一点。

（2）系统思考

中小企业要能用最简单的语言把自己要干的事说清楚，把客户、供应商、合作伙伴等相关者的关系描述出来。最好的办法就是画图，把自己的想法用一张图表现出来，这就是图形化思考。然后，企业整合相应的外部资源，把商业模式图上涉及的核心单元、上下游企业、合作伙伴、外围资源都考虑进来。最后，考虑价值链上各个利益相关者如何受益。

（3）打动人心的产品概念

产品概念最好可以总结成一句话，即在30秒内将产品的价值定位说清楚，让人能够产生共鸣、引起兴奋。有了完整的产品创意思路，就要走出去与客户沟通，听取客户对创意的反馈，以便掌握客户的态度和反应。要想让目标客户理解产品的价值和作用，最好的办法是做一个样品，可以是电子版的模拟样品，也可以是真正的样品。总之要让客户看得见、摸得着，这比文字或口头说明要好很多。

（4）产品定义

产品定义阶段需要考虑完整的产品概念。完整的产品由三个层次组成：最里层是核心层，主要包括性能、指标、功能、品质等，是产品发挥作用的关键因素；第二层是外围层，主要是增值服务，目的是让客户更好地发挥核心产品的功效，比如售前/售后服务、电话咨询服务等；第三层是外延层，主要是客户体验与感觉。中小企业最好靠外围产品和外延产品的差异化吸引客户。产品定义完成之后，就要把第二版的样品做出来，接下来就要进行测试，其中一个重要的测试参数就是"哇"效应，即当客户第一眼看到这个产品时，是否感到惊讶。

产品定义中一项重要的工作就是定价，因为定价的背后是产品的定位。定价方法可以分成优质优价、优质同价、同质低价、低质低价四种方法。企业应根据自己的客户层次选择合适的定价方法。产品出来后通过什么渠道走向市场，也是在产品定义阶段必须完成的一项工作，即明确从厂家到客户需要经过哪些中间环节。最好能以关系图的形式表示，让人简洁明了清楚各个渠道之间的关系。

为了提高销售环节的效率和成功率，给目标客户留下良好的印象，企业应先做市场，再做销售，即先设计好产品的定位，明确产品的价值，给销售人员准备好"枪炮弹药"。定位从何而来，它基于产品概念和定义阶段完成的 FAB 分析。

（5）财务分析

有了一个好的产品，还需要作出精密的销售计划，要按照不同的销售渠道、不同的地域进行划分。销售指标分解以后，要求每个销售人员制订销售计划。除此之外，还要考虑销售人员和渠道人员的培训，教会他们如何销售、与客户沟通，甚至如何"卖思想"，目的是提高销售人员的成功率，进而提升士气。

对于风险投资者来说，审核一个创业项目时最关心的问题是如何实现销量倍增，也就是关注产品、商业模式是否存在倍增的机制。对于那些希望得到风险投资的新项目来说，必须把产品和商业模式的倍增机制表达清楚。

（6）提供组织保障

仅有好的产品、商业模式和财务分析还不够，企业的组织设计也要合理，这是实现企业目标的组织保障。对于创业项目来说，一定要说清楚发起人和核心团队成员的优势，让投资者感到放心。此外，企业要向投资者展示未来的组织架构,最好能用一张图来描述;同时,还要把股权结构展示给投资者看。

对风险投资者来说,如何退出是优先考虑的问题。他们需要得到收益的机制,而不是作为长期的股东持有股份。凡是想通过吸引风险投资来发展的创业者,必须有思想准备:公司做大了就不是自己的了,要么上市成为公众公司,要么被其他企业收购。当然,为了防止投资者、发起人或其他创业股东过早退出,可以商定投资者退出的时间表和基本原则。

(四)商业模式创新

商业模式创新是指企业创造基本逻辑的新变化,即把新的商业模式引入生产体系,并为客户和自身创造价值。通俗地说,商业模式创新是指企业以新的有效方式赚钱。新引入的商业模式,既可能在构成要素方面不同于已有商业模式,也可能在要素关系或者动力机制方面不同于已有商业模式,具有以下几个特征。

第一,提供全新的产品或服务,开创新的产业领域,或采用以前从来没有过的方式提供已有的产品或服务。如 Grameen Bank 面向穷人提供的小额贷款服务,开辟全新的产业领域,是从来都没有过的。亚马逊卖的书和其他零售书店没什么不同,但它卖的方式却一点也不同。美国西南航空公司提供着和所有航空公司一样的航空服务,但它提供的方式,也和已有的全服务航空公司不一样。

第二,商业模式至少有4个要素明显不同于其他企业,而非少量的差异。如 Grameen Bank 不同于传统商业银行,主要以贫穷妇女为主要目标客户、贷款额度小、不需要担保和抵押等。亚马逊相比传统书店,其产品选择范围广、通过网络销售、仓库配货运送等。西南航空也在多方面如提供点对点基本航空服务、不设头等舱、只使用一种机型、利用大城市不拥挤机场等,不同于其他航空公司。

第三,有良好的业绩表现,体现在成本、盈利能力、独特竞争优势等方面。如 Grameen Bank 虽然不以盈利为主要目的,但它一直是盈利的。亚马逊在传统绩效指标方面拥有良好的表现,也表明了其商业模式的优势,如短短几年就成为世界上最大的书店。亚马逊数倍于竞争对手的存货周转速度给它带来独特的优势,消费者购物用信用卡支付时,通常在 24 小时内到账,而亚马逊付给供货商的时间通常是收货后 45 天,这意味它可以利用客户的资金长达一个半月。西南航空公司的利润率连续多年高于其他全服务模式的同行。如今,美国、欧洲、加拿大等国内中短途民用航空市场,市场已逐步被西南航空这样采用低成本商业模式的航空公司占据。

上面介绍的是某一时点上的商业模式。但商业模式构成各要素及其关系和动力机制实际上不是一成不变的,而是动态演化的。执行与实施也是商业模式动力机制的重要部分。商业模式总是要实施才能实现其价值。一个好的商业模式,可能会因为执行不当而不成功。一个弱的商业模式,也可能因为有力的管理与实施而取得成功。因此,商业模式也要包括一定的时间与实施。总之,从构成要素及具体表现、相互连接关系、动力机制三方面表达商业模式时,还要放在价值链或价值网络中,放在一定的时间跨度内,包含动态实施方面的内容。这样,会更有助于清楚表达商业模式。

由于商业模式本身的复杂性及商业模式创新过程的复杂性,诸多的细节、偶然性因素也很重要。因此,要想完全充分表达是困难的,甚至是不可能的。商业模式创新的表达,还可借助一些图和表的方式,对商业模式构成要素及相互关系、与其他模式异同等加以补充说明,这样更为直观和容易理解。

四、创业融资

创业伊始,创业者需要启动资金,但到底需要多少钱呢?

你也许有一个大概的估算,但是要制作出可行的商业计划并顺利启动业务,这样的估算却不够详细。精确计算出所需的资金是成功的关键。低估了需求,创业者会在没盈利前就捉襟见肘;高估了成本,创业者又无法凑齐数额较大的启动资金。

无论启动资本总额是 5 万元还是 50 万元,创业者都需要计算出具体的金额。为此,所面临的挑战是找到可信可靠的信息。

(一)启动资金

创办企业需要启动资金,启动资金包括投资资金(固定资产)和流动资金。创业者应该根据资金企业或团队的规模,即预测的销售量,计算出需要的启动资金数额。

1. 投资资金(固定资产)预测

投资资金(固定资产)是指为企业购买的价值较高、使用寿命较长的物品需要的资金，如厂房、机器设备等。

2. 流动资金预测

流动资金是指企业或团队运转所需要的资金。如用于购买材料、商品存货、人员工资及各种费用等（即通常所说的料、工、费）。

流动资金预测就是预算流动资金的需要量。更准确的预测需编制现金流量计划。流动资金预测有以下几点注意事项。

① 要意识到流动资金周转不灵会导致破产。

② 必须核准流动资金持续投入期，即在没取得销售收入前必须投入多长时间的流动资金。

③ 必须将流动资金需求量降至最低。依据必须、必要、合理、最低的原则，该支出的必需支出。

④ 必须保持一定量的流动资金储备以备不时之需。

（二）融资

融资主要是指资金的融入，也就是资金的来源。具体是指通过一定的渠道、采用一定的方法、以一定的经济利益付出为代价，从资金持有者手中筹集资金，满足资金使用者在经济活动中对资金需要的一种经济行为。

狭义的融资，仅指不同资金所有者之间的资金融通，即资金从资金供给方流向需求方。广义的融资，还包括某一经济主体通过一定方式在内部进行资金融通。

1. 创业融资渠道

融资渠道是指企业筹措资金的方向和通道，体现了资金的来源和流量。融资渠道需要了解企业的融资类型和融资方式，这对企业的生存和发展极其关键。

2. 创业融资渠道具体方向

个人创业融资，无论是什么企业都需要成本，就算是最少的启动资金，也要包含一些基本的开支。所以，创业者应该多管齐下，这样才能多多益善。目前国内创业者的融资渠道较为单一，主要依靠银行等金融机构来实现。其实创业融资有多种渠道可选择。

渠道一：银行贷款。银行贷款被誉为创业融资的"蓄水池"，在创业者中很有"群众基础"。

创业者申请贷款既要与银行打交道，还要与工商管理部门、税务部门、中介机构等打交道。手续烦琐，任何一个环节都不能出现问题。

渠道二：风险投资。风险投资在大多数人看来是一个神奇的"钱袋子"，能让那些初创业者一飞冲天。风险投资是一种高风险、高回报的投资。风险投资单位以参股的形式进入创业企业，比较青睐高科技创业企业。

天使投资指个人出资协助具有专门技术或独特概念而缺少自有资金的创业者，并承担创业中的高风险、享受创业成功后的高收益，也是自由投资者或非正式风险投资机构对原创项目或小型初创企业的一次性前期投资，它是风险投资的一种形式。

"天使投资人（Angels）"通常是指投资非常年轻的公司以帮助这些公司迅速启动的投资人。在风险投资领域，"天使"这个词指的是企业天使投资，天使投资人通常是创业者的朋友、亲戚或商业伙伴，由于他们对该创业者的能力和创意深信不疑，因而愿意在业务远未开展之前就向该企业投入大笔资金。典型的天使投资往往只是几十万美元，是风险资本家可能投入资金的零头。

通常天使投资对回报的期望值并不是很高，但 10 到 20 倍的回报才足够吸引他们，这是因为，当他们决定出手投资时，往往在一个行业内同时投资 10 个项目，最终只有一两个项目可能获得成功，只有用这种方式天使投资人才能分摊风险。国内比较著名的天使基金投资人有雷军、薛蛮子等。

渠道三：典当融资。典当融资指中小企业有短期资金需求时利用典当行救急的特点，以质押或抵押的方式，从典当行获得资金的一种快速、便捷的融资方式。

风险投资虽是"天上掉馅饼的美事"，但只是一小部分精英型创业者的"特权"。银行的大门虽然敞开着，但有一定的门槛。俗话说："急事告贷，典当最快"，典当的主要作用是救急。与主流融资渠道的银行贷款相比，典当融资虽只起着拾遗补缺的作用，但由于能在短时间内为融资者争取到更多的资金，因而也被称为"速泡面"，获得越来越多创业者的青睐。

渠道四：民间贷款。民间贷款是指公民之间、公民与法人之间、公民与其他组织之间借贷。民间借贷是一种直接融资渠道和投资渠道，是民间金融的一种形式。民间贷款的投资操作程序较为简单，融资速度快，门槛比较低。

大学生创业初出茅庐，社会经验和资金不足，主要通过家人、朋友等社会个体进行融资，即民间借贷。

渠道五：大学生创业贷款优惠政策。国家为鼓励大学生创业颁布了一系列的大学生创业贷款优惠政策。大学生创业贷款政策全国通用,不同省市还有附加优惠,不需要一定在户口所在地。

五、创业风险与评估

创业是存在一定风险的。比尔·盖茨曾说:"如果你正在考虑成立一家新公司,那应该首先明确地知道:创办公司不仅需要精力投入,更需要随时面对风险的挑战。"创业不同于赌博,一个成功的创业者,不但要知道什么时候是最佳的创业时机,更要对创业风险有超前的预见性和决断力。在创业过程中,没有绝对十全十美、稳赚不赔的正确方案,有的只是成功的信心和冒险前进的准备。

(一)常见风险

人生一世,处处都存在着风险。过马路时,不能百分之百地保证不出车祸;坐飞机时,不能百分之百地保证飞机不会掉下来。创业也是如此,失败的风险随时存在。身在商海,百舸争流,水进则进。

对创业风险的界定,目前学术界还没有统一的观点,大多数国内外学者都只针对自己所研究的领域或角度来界定,并没有将其概念提炼出来。普遍的观点是将创业风险视为创业决策环境中的一个重要因素,其中包括进入新企业或新市场的决策环境以及新品的引入。还有一些学者从创业人才角度界定创业风险,认为创业风险是指人才在创业中存在的风险,即由于环境的不确定性,创业者、创业团队与创业投资者的能力与实力有限性,而导致创业活动偏离预期目标的可能性及其后果。

一般地说,创业风险主要分为以下几个方面。

1. 项目选择太盲目

大学生创业时如果缺乏前期市场调研和论证,只是凭自己的兴趣和想象来决定投资方向甚至仅凭一时心血来潮做决定,非常容易碰得头破血流。对于大学生创业者来讲,要在创业初期做好市场调研,在了解市场的基础上创业。一般来说,大学生创业者资金实力较弱,选择启动资金不多、人手配备要求不高的项目,从小本经营做起比较适宜。

2. 缺乏创业技能

很多大学生创业者眼高手低，当创业计划转变为实际操作时，才发现自己根本不具备解决问题的能力，这样的创业无异于纸上谈兵。一方面，大学生应去企业工作或实习，积累相关的管理和营销经验；另一方面，积极参加创业培训，积累创业知识，接受专业指导，提高创业成功率。

3. 资金风险

资金风险在创业初期会一直伴随在创业者的左右，是否有足够的资金创办企业是创业者遇到的首要问题。企业创办起来后，必须考虑是否有足够的资金支持企业的日常运作。

对于初创企业来说，如果连续几个月入不敷出，或者因为其他原因导致企业的现金流中断，会给企业带来极大的威胁。相当多的企业会在创办初期因资金紧缺而严重影响业务的拓展，甚至错失商机而不得不关门大吉。

4. 社会资源贫乏

企业创建、市场开拓、产品推介等工作都需要调动社会资源，大学生在这方面会感到非常吃力。平时应多参加各种社会实践活动，扩大自己人际交往的范围。创业前，可以先到相关行业领域工作一段时间，通过这个平台，为自己日后的创业积累人脉。

5. 管理风险

创业失败者，基本上都是管理方面出了问题，其中包括决策随意、信息不通、理念不清、患得患失、用人不当、忽视创新、急功近利、盲目跟风、意志薄弱等。特别是大学生知识单一、经验不足、资金实力和心理素质明显不足，更会增加在管理上的风险。

6. 竞争风险

寻找蓝海是创业的良好开端，但并非所有的新创企业都能找到蓝海。更何况，蓝海也只是暂时的。所以，竞争是必然的。如何面对竞争是每个企业都要随时考虑的事，对新创企业更是如此。如果创业者选择的行业是一个竞争非常激烈的领域，那么在创业之初极有可能受到同行的强烈排挤。一些大企业为了把小企业吞并或挤垮，常会采用低价销售的手段。对于大企业来说，由于规模效益以及实力雄厚，短时间的降价并不会对自己产生影响，但对初创企业则可能意味着破产，如何面对来自同行的残酷竞争是创业企业生存的必要准备。

7. 团队分歧的风险

现代企业越来越重视团队的力量。创业企业在诞生或成长过程中最主要的力量来源都是创业团队,一个优秀的创业团队能使创业企业迅速地发展。但与此同时,风险也蕴含其中,团队的规模越大,产生的风险也就越大。一旦创业团队的核心成员在某些问题上产生分歧,极有可能对企业造成强烈的冲击。

8. 核心竞争力缺乏的风险

对具有长远发展目标的创业者来说,他们的目标是不断地发展壮大企业,因此,企业是否具有核心竞争力是最主要的风险。一个依赖别人的产品或市场来打天下的企业是永远不会成长为优秀企业的。核心竞争力在创业之初可能不是最重要的问题,但要谋求长远的发展,就是最不可忽视的问题。没有核心竞争力的企业终究会被淘汰出局。

9. 人力资源流失风险

一些研发、生产或经营性企业需要面向市场,大量的高素质专业人才或业务队伍是这类企业成长的重要基础。防止专业人才及业务骨干流失应当是创业者时刻注意的问题,在那些依靠某种技术或专利创业的企业中,拥有或掌握这一关键技术的业务骨干的流失是创业失败的最主要风险源。

10. 意识上的风险

意识上的风险是创业团队最内在的风险。这种风险是无形的,却有强大的毁灭力。风险性较大的意识有投机心态、侥幸心理、试试看的心态、过分依赖他人心态、急切回本的心理等。

大学生创业过程遇到的阻碍可能并不仅此几点,在企业发展过程中,随时都将面临多种风险与挑战。保持积极的心态,多学习,多汲取优秀经验,结合大学生既有的特长优势,大学生创业的步伐会越走越远,越走越稳。

(二)导致创业失败的十大教训

成功的案例往往不能复制,然而导致失败的陷阱却是相似的。这里总结了创业失败的十大教训,希望对初创业的大学生朋友们有所启示。

1. 准备不充分

事先没有进行详细周密的市场调查,只是道听途说某行业好赚钱,就贸然投资。国外做生意通常要委托专门的市场调查公司作专项调查,很多创业者往往头脑一热拍脑袋凭直觉来决策,而且更多是为节省这笔费用而免去这个环节,但是自己又没有能力做系统的市场分析。

2. 管理过于随意

一些大学生创业者虽然技术出类拔萃，但理财、营销、沟通、管理方面的能力普遍不足。要想创业成功，大学生创业者必须技术、经营"两手抓"，可从合伙创业、家庭创业或从虚拟店铺开始锻炼创业能力，也可以聘用职业经理人负责企业的日常运作。

3. 生意上贪大求新

野心很大，排场不小，但是却超过了自己的经济承受能力。一些人尤其是曾经成功的商人，不愿意再从最小的公司做起，希望一开始就是大的资金起点，规模搞得很大，固定费用不少，但是一旦业务遇到困难，企业就面临倒闭。

4. 不了解市场

没有从自己最熟悉、最擅长的业务起步，听说什么赚钱就开什么店、做什么业务。在业务深入到一定程度后，才发现自己的经验、知识、能力和人际关系都与业务不吻合，甚至相差太远，从而导致失去竞争能力。

5. 打价格战

讨价还价已经成为生活中的习惯，而行业内不合理价格竞争也一直在上演，其结果是要么偷工减料以保证利润，要么保证质量而仅有微利甚至亏损，如以薄利多销为策略经营，则会有不得不经营低档货的可能。

6. 思维受限制

不能立足长远，总想赚快钱，寻找短平快项目。有的人嫌时间太长看不到希望，或者急功近利希望立竿见影，马上就能盈利，而不愿承担1~2年的创业亏损期。不少人到外地创业，还没有把当地市场情况摸清楚，就贸然投进去，做到中途才发现问题，但是抽身已经来不及了。现在我国经济增长相对平稳，传统产业很少有暴发的机会，只能靠磨时间积累财富。

7. 只注重硬件的投入，在软件上却舍不得投资

现在许多服务场所设备、装修都不错，但服务质量、人员素质、管理水平却不高。

8. 不注重现金流

在创业初期，财务上没有遵循审慎原则，比较冒险，由于对业务前景过于乐观，没有预留足够的准备资金；在业务进展不顺利时，往往面临资金周转困难的问题。

9. 企业的经营理念不清、不执着

有人认为一两个人的小企业、小餐馆不需要经营理念哲学，认为那些东西太深奥了，谈企业文化是大企业的事情，只有紧跟着市场流行变化走才比较实惠。这种想法，不能算错，从商业生态的角度上讲，各种各样的企业都有生存的机会。但是如果创业经营相对有特色，肯定会更容易获得顾客的认同。

10. 没有考虑当地的文化背景

我国的整体市场是由一个个区隔市场组成的。如何获得尽可能多的区隔市场、尽可能满足当地的需求，以及科学地雇佣和管理各层次员工，都是要面对的课题。这比在当地的经营环境更为复杂，因为要避免区隔文化的振荡，许多人都把自己局限在自己熟悉的小圈子内，业务的开展范围当然也就非常狭窄。

某种意义上讲，能够规避风险并少犯错误，就是成功。创业之路并非一帆风顺，商海风云变幻，陷阱多多。埋藏在创业者脚下的雷区无处不在。陷阱的性质不同，形式各异，有大有小，或明或暗。任何一个误区，都足以使初创业者陷入四面楚歌、难以自救的境地。因此，新创企业如果想在激烈的竞争中脱颖而出，必须小心躲避"陷阱"，规避风险，三思而行。

六、创业计划书制订与论证

（一）创业计划的含义

创业计划并非一份合同、一份协议或一份预算，它是一份全面说明创业构想以及如何实施的文件，是描述所要创立的企业是什么以及将成为什么的故事。创业计划就是创业的行动计划，既是指导创业活动的工具，也是创业者与相关人员进行沟通的工具。

创业计划的有效性取决于计划的准确性和计划执行的严肃性和灵活性。创业计划虽然不能保证创业一定成功，但一份好的创业计划可以有效地指导创业活动，减少和避免无效和错误的行为，提高成功的概率。

（二）创业计划的作用

创业计划在整个创业过程中发挥着重要的作用。首先，创业计划是一份内部文件，它能帮助新企业分析创业机会的价值，确定商业模式，明确创业目标以及制订创业战略。其次，创业计划是新企业的自我推销文件，它为新企业提供了向潜在投资者、供应商、商业伙伴和关键职位应聘者展示自身的机制。这种机制清晰地展现了新企业如何通过各部分的有机匹配，实现其使命和目标的组织能力。

具体地讲，创业计划有以下五大重要作用。

1. 系统整理创业思路

创业者及其团队对于未来的创业活动进行了一番筹划之后，在脑海中会形成一个创业思路，但还需要将这个思路转变为系统的文字性计划。对多数人而言，大脑的思考、整理能力总弱于纸面的表述能力。将脑海中的计划转变成文字性的计划，也有助于创业者进一步发现自身创业思路的缺陷，进而将其进一步完善和系统化。

2. 进一步明确创业的方向

古人云："凡事预则立，不预则废。"创业计划是创业者未来事业的蓝图，编写一份系统的创业计划，创业者就有了创业活动的"路线图"，也就有了明确的创业方向和路线。无论什么时候，按照计划去做，创业者就不至于迷失创业的方向，不至于乱了创业活动的进程。

3. 有助于凝聚团队成员的力量

创业计划是创业者对于所筹划的创业活动的系统的文字性归纳和描述，其中必然包含创业的目标、团队行动的纲领、创业的"路线图"，团队成员也可以通过它看到企业未来的发展前景，有利于凝结团队成员，使整个创业团队更有效地合作。

4. 有助于吸引创业所需要的资源

创业者甚至整个团队都不可能拥有特定创业活动所需要的全部资源。要想在资源的供给者与创业者之间搭起桥梁，获取他人掌控的资源，或者争取他人的资源支持与投入，创业者就必须让他人了解自己的创业思路。而创业计划正起到这样的作用，它有助于创业团队与资源持有者的沟通。资源持有者通过创业计划，才可能了解到创业者想要做什么、计划怎样做事，才可能将资源投给创业者，或是有兴趣、愿意为创业者提供所需要的资源。

5. 争取政府支持

政府掌握着较多的社会资源，政府机构甚至会为新企业提供产品的客户。各级政府为鼓励创业，都在以各种形式扶持创业者，除了出台多项政策，给创业者提供政策性支持外,还采取了各种措施扶持创业。有些扶持是长久性的、日常性的、职能性的,有些则是临时性的。有的直接提供经济上的帮助,如资金扶持、场地扶持、税收扶持、社保扶持等,有的则在其他方面提供便利,社会各界也采取了各种各样的举措来帮助创业者。

要争取到这些扶持,创业者就需要让政府了解自己"想干什么、在干什么",以及创业项目所具有的积极的社会意义,而创业计划恰恰是创业者与政府沟通的有效工具。

(三)创业计划的特点

作为创业的纲领性文件,创业计划具有以下基本特点。

1. 开拓性

创业计划最鲜明的特点是创新性。这种创新性是通过其开拓性表现和反映出来的,而开拓性最本质的体现在于对新项目、新内容、新的营销思路和运作思路的整合上,这也是创业计划不同于一般项目书的根本之处。

2. 客观性

客观性是创业计划又一个十分重要的特点。这种客观性表现为创业者提供的创业设想和创业商业模式,建立在大量的、充分的市场调研和客观分析基础之上,是项目具有实战性和可操作性的基础。

3. 整体性

创业计划的整体性要求创业者把严密的逻辑思维融汇在客观事实中体现和表达出来,通过项目的市场调研、市场分析、市场开发及生产安排、运作以及全程的接口管理、过程管理和严密的组织,把提出和设计好的商业模式付诸实践,把预想的效益变成切实的商业利润。因此,创业计划的每一个部分都是为这个整体目标服务的,每一个部分又是这个整体目标的一种论据、一种支撑。

4. 实战性

创业计划的实战性是指创业计划具有可操作性。这种实战性尽管没有设计出每一个运作细节,但是项目运作的整体思路和战略设想应该是清晰的。实战的过程中可能作出若干调整,但项目的鲜明商业特点和可操作性是不会变化的。

（四）创业计划在书写格式与规范上具有的特点

1. 简洁明了

人们在阅读一份自己特别感兴趣的创业计划时，应能够立即找到问题及其解决办法，因此对于那些可能会引起读者兴趣的主题都应该全面而简洁地阐述。

2. 写作风格要掌握适中

好的创业计划既不要太平淡无奇、无法吊起读者的胃口，又不要太花哨；要有冲击力，能够抓住投资者的心。一定要记住，创业计划不是动员报告，也不是文艺作品，它是一篇实实在在的说明书。

3. 保持写作风格一致

一份创业计划通常由几个人一起完成，但最后的版本应该由一个人统一完成，以避免写作风格和分析深度不一致。创业计划是企业的敲门砖，不仅要以一种风格完成，而且应该看来很统一、很专业。例如，标题的大小及类型都应该与本页的内容及结构相协调，也可以适当使用图片，做到图文并茂。

4. 让外行也能看懂

一些风险企业家认为他们可以用大量的技术细节、精致的设计方案、完整的分析报告打动读者，但这样的效果并不好。因为往往只有少数的技术专家参与创业计划的评估，而大部分读者并不懂技术专家的高深评论，他们更欣赏一种简单的解说，也许用一个图片作进一步说明的效果会更好。

（五）优秀创业计划书应当具备的特点

一份漂亮的计划书通常会有以下几个特点。

① 计划书通常被管理层视为动态文件，它简洁准确。人们每天都会以它为参照，它始终引导公司迈向卓越和成功。

② 公司领导对于客户有极为精确的定义，其中包括客户数量及其人口构成，而且相关人口信息比较具体，便于统计。对于购买者喜闻乐见的东西他们均了如指掌，他们甚至比其家人更了解这些目标客户。

③ 他们知道客户需要什么、想买什么以及购买的时间和地点。他们清楚什么目标客户会买他们的产品或服务。他们了解客户为什么会购买，其中既有使用目的也有情感因素。

④ 对于潜在和当前的客户，他们倾听其所思所感。他们可以在客户尚未明

白自己的需求之前，就洞察这些人将来可能会买什么。

⑤ 这些公司领导对行业了如指掌。他们对于竞争形势以及自己的应对措施无所不知，他们与行业协会和渠道伙伴关系良好。

⑥ 他们理解行业趋势并能深谋远虑。

⑦ 他们设计、研发和制造客户确切需要的产品。其产品的特征和优点可以将其与竞争对手的产品区分开来。

⑧ 他们设立的任务具体明确，缓急有序。他们将通过合适的资源实现重要目标。

⑨ 他们开发的流程合乎逻辑，可以复制而且经受过时间的检验，因此其效率与效能比较高。

⑩ 他们的团队尽揽英才，员工的工作任务和薪酬可以量化。每个员工都应制订自己的个人计划，而且这一计划与其个人目标以及公司的总体目标方向一致。

⑪ 他们的财务计划谨慎准确。此外他们还有应急预案。

⑫ 公司领导定期见面，对领导层及各部门的工作进展进行评估。他们会经常向所有员工通报相关情况。

⑬ 管理层围绕团队合作、创新精神、客户与员工满意度、企业忠诚度、经营成果以及员工的奋发精神培育了强大的公司文化。

总而言之，制订出伟大计划的人往往具备深厚的知识与经验，他们拥有战略思维。对于自己的目标以及达到目标的方式，他们认识明确。尤为重要的是他们达到理想目标依赖的是一张清晰的路线图。如果你正在制订初次创业的计划，你应当向符合上述标准的人寻求帮助。为此付出额外的努力是完全值得的。

（六）撰写创业计划——创业计划书的格式与写作

1. 创业计划书的基本格式

创业计划书通常包括封面、保密要求、目录、摘要、正文（综述）、附录等部分。

（1）封面（标题页）

标题页可以放一张企业的项目或产品彩图，但需留出足够的版面排列以下内容：创业计划书编号、公司名称、项目名称、项目单位、地址、电话、传真、电子邮件、联系人、公司主页、日期等。

（2）保密要求

保密要求可放在标题页，也可放在次页，主要是要求投资方项目经理妥善保管创业计划书，未经融资企业同意，不得向第三方公开创业计划书涉及的商业秘密。

（3）目录

目录标明各部分内容及页码，要注意确认目录、页码同内容的一致性。

（4）摘要

摘要是对整个创业计划书的概括，目的在于用最简练的语言将计划书的核心、要点、特色展现出来，吸引读者仔细读完全部文本，因而一定要简练，一般要求在两页内完成摘要，这十分重要。它是出资者首先要看的内容，因而必须能让读者有兴趣并渴望得到更多的信息，给读者留下深刻的印象。计划摘要应从正文中摘录出投资者最关心的问题，包括对公司内部的基本情况，公司的能力以及局限性，公司的竞争对手、营销和财务战略，公司的管理队伍等情况的简明而生动的概括。如果公司是一本书，它就像是这本书的封面，做得好就可以把投资者吸引住。

（5）正文

正文是创业计划书的主体部分，要分别从公司基本情况、经营管理团队、产品或服务技术研究与开发、行业及市场预测、营销策略、产品制造、经营管理、融资计划、财务预测、风险控制等方面对投资者关心的问题进行介绍，要求既有丰富的数据资料使人信服，又要突出重点，实事求是。

（6）附录

附录是对正文中涉及的相关数据、资料的补充，作为备查。

2. 创业计划书的写作要点

创业计划书的内容与写作要点应包括以下内容。

（1）摘要

摘要是为了吸引战略合伙人与风险投资人的注意而将创业计划书的核心提炼出来制作而成的，它是整个创业计划书的精华，涵盖计划书的要点。一般要在后面所有内容编制完毕后，再把主要结论性内容摘录于此。

摘要如同推销产品的广告，编制人要反复推敲，力求精益求精、形式完美、语句清晰流畅而富有感染力，以引起投资人阅读创业计划书全文的兴趣。特别要详细说明自身企业的不同之处以及企业获取成功的市场因素。

（2）企业介绍

这一部分是向战略合伙人或者风险投资人介绍融资企业或项目的基本情况。具体而言如果企业处于种子期或创建期，现在也只有一个美妙的商业创意，那么，应重点介绍创业者成长经历，求学过程，并突出其性格、兴趣爱好与特长，创业者的追求，创业的原因以及创意如何产生。

如果企业处于成长期，应简明扼要介绍公司过去的发展历史、现在的状况以及未来的规划。具体而言，包括公司概述，公司名称、地址、联系方式，公司的业务状况、发展经历，对公司未来发展的详尽规划，本公司与众不同的竞争优势，公司的法律地位、公共关系、知识产权、财务管理、纳税情况、涉诉情况等。在描述公司发展历史时，正反的经验都要写，特别是对以往的失误，不要回避，要对失误进行客观的描述、中肯的分析，这反而能够赢得投资者的信任。

（3）管理团队介绍

管理团队是投资者非常看重的，这部分主要是向投资者展现企业管理团队的结构、管理水平和能力、职业道德与素质，使投资者了解管理团队的能力，增强投资信心。这部分主要介绍管理团队、技术团队、营销团队的工作简历，取得的业绩，尤其是与目前从事工作有关的经历。另外，可以着重介绍企业目前的管理模式，如果无特色，也可以不介绍，或者归入劣势部分。

在编写过程中，必须对公司管理的主要情况作一个全面介绍，包括公司的主要股东及股权结构，董事和其他一些高级职员，关键的雇员以及公司管理人员的职权分配和薪金情况，必要时还要详细介绍他们的经历和个人背景。企业的管理人员应该是互补的，而且要具有团队精神。一个企业必须要具备负责产品设计与开发、市场营销、生产作业管理、企业理财等方面的专门人才。

此外，在这部分创业计划书中，还应对公司组织结构作一个简要介绍，包括公司的组织结构图、各部门的功能与责任、各部门的负责人及主要成员、公司的薪酬体系等。这部分应让投资者认识到，创业者具有与众不同的凝聚力和团结战斗精神，管理团队人才济济且结构合理，在产品设计与开发、财务管理、市场营销等各方面均具有独当一面的能力，足以保证公司以后成长发展的需要。

（4）技术产品（服务）介绍

在进行投资项目评估时，投资人最关心的问题之一就是企业的产品、技术或服务能否解决现实生活中的问题，或者企业的产品（服务）能否帮助顾客节约开支、增加收入，这是市场销售业绩的基础。

技术产品（服务）介绍一般包括：产品的名称，特性及性能用途，产品处于生命周期的哪一阶段，市场竞争力如何，产品的研究和开发过程，产品的技术改进、更新换代或新产品研发计划及相应的成本，产品的市场前景预测，产品的品牌和专利等。

在这一部分，企业家要对产品（服务）作出详细的说明。说明要准确，也要通俗易懂，让不是专业人员的投资者也能明白。一般产品介绍都要附上产品原型、照片或其他图片。

此外，对于一些以技术研发为重点的高新技术企业来说，还要对相关技术及其企业研发情况进行分析，包括企业技术来源、技术原理、技术先进性、技术可靠性，公司的技术研发力量和未来的技术发展趋势，公司研究开发新产品的成本预算及时间进度，技术的专利申请、权属及保护情况，技术发展后劲和技术储备等，以使投资者对公司的技术研发队伍的实力，公司未来竞争发展对技术研发的需要有所了解。

产品（服务）介绍的内容比较具体，因而写起来相对容易。虽然夸赞自己的产品是推销所必需的，但应该注意，企业家和投资者所建立的是一种长期合作的伙伴关系，空口许诺只能得意于一时。如果企业不能兑现承诺，不能偿还债务，企业的信誉必然要受到极大的损害，这是真正的企业家所不为的。

（5）行业、市场分析预测

行业与市场分析主要是对企业所在行业基本情况，企业的产品或服务的现有市场情况、未来市场前景进行分析，使投资者对产品或服务的市场销售状况有所了解。这是投资者关注的重点问题之一。

行业分析主要介绍行业发展趋势、行业发展中存在的问题、国家有关政策、市场容量、市场竞争情况、行业主要盈利模式、市场策略等。

（6）市场营销策略

企业的盈利和发展最终都要拿到市场上来检验，营销成败直接决定了企业的命运。在介绍市场营销策略时，创业者要讨论不同营销渠道的利弊，要明确哪些企业主管专门负责销售，主要运用哪些促销工具，以及促销目标的实现和具体经费的支出等。

一般来说，中小企业可选择的市场营销策略有以下几种。

① 集中性营销策略，即企业只为单一的、特别的细分市场提供一种类型的

产品（如制造汽车配件）。这种方法尤其适用于财力有限的小公司，或者是在为某种特殊类型的顾客提供服务方面确有一技之长的组织。

② 差异性营销策略，即为不同的市场设计和提供不同类型的产品。这种战略大多为那些实力雄厚的大公司所采用。

③ 无差异性营销策略，即只向市场提供单一品种的产品，希望它能引起整体市场上全部顾客的兴趣。当人们的需求比较简单，或者并不被人们认为很重要时，该策略较为适用。

（7）生产计划

生产制造计划旨在使投资者了解产品的生产经营状况。这一部分应尽可能把新产品的生产制造及经营过程展示给投资者，主要包括以下内容。

① 公司现有的生产技术能力，企业生产制造所需的厂房、设备情况。

② 质量控制和改进能力。

③ 新产品的生产经营计划，改进或将要购置的生产设备及其成本。

④ 现有的生产工艺流程，生产周期标准的制定及生产作业计划的编制。

⑤ 物资需求计划及其保证措施，供货者的前置期和资源的需求量。

⑥ 劳动力和雇员的有关情况。

同时，为了增大企业的评估价值，企业家应尽量使生产制造计划更加详细、可靠。

（8）财务分析与预测

这部分包括公司过去若干年的财务状况分析，今后三年的发展预测，以及详细的投资计划。旨在使投资者据此判断企业未来经营的财务状况，进而判断其投资能否获得理想的回报，因而它是决定投资决策的关键因素之一。

财务预测的依据、前提假设是投资者判断企业财务预测准确性和财务管理水平的标尺，也是投资者关注的焦点。其主要依据和前提假设是企业的经营计划、市场分析。由于财务分析预测在公司经营管理中的重要地位，企业需要花费较多的精力进行具体分析，必要时最好与专家顾问商讨。

对于中小企业来说，财务预测既要为投资者描绘出美好的合作前景，同时又要使得这种前景建立于坚实的基础之上，否则会令投资者怀疑企业管理者的诚信或财务分析、预测及管理能力。

（9）融资计划

融资计划主要是根据企业的经营计划提出企业资金需求数量，融资的方式、工具，投资者的权益，财务收益及其资金安全保证，投资退出方式等。它是资金供求双方共同合作前景的计划分析。

融资计划的主要内容包括以下几方面。

① 融资数额是多少，已经获得了哪些投资，希望向战略合伙人或风险投资人融资多少，计划采取哪种融资工具，是以贷款、出售债券，还是以出售普通股、优先股的形式筹集。

② 公司未来的资本结构如何安排，公司的全部债务情况如何。

③ 公司融资所提供的抵押、担保文件，包括以什么物品进行抵押或者质押，什么人或者机构提供担保。

④ 投资收益和未来再投资的安排如何。

⑤ 如果以股权形式投资，双方对公司股权、控制权、所有权比例如何安排。

⑥ 投资者介入公司后，公司的经营管理体制如何设定。

⑦ 投资资金如何运作，投资的预期回报，投资者如何监督、控制企业运作等。

⑧ 风险投资的退出途径和方式是什么，是企业回购、股份转让还是企业上市。

这部分是融资协议的主要内容，企业既要对融资需求、用途提出令人信服的理由，又要有令人心动的投资条件和投资回报，同时也要注意维护企业自身的利益。其基础是企业的财务分析与预测。

由于与资金供给方合作的模式可能有多种，因此还需设计几种备选方案，给出不同盈利模式下的资金需要量及资金投向。

（10）风险分析

这部分内容主要是向投资者分析企业可能面临的各种风险隐患，风险的大小以及融资者将采取何种措施来降低或防范风险、增加收益等。

风险分析主要包括以下几部分。

① 企业自身各方面的限制，如资源限制、管理经验的限制和生产条件的限制等。

② 创业者自身的不足，包括技术上的、经验上的或者管理能力上的欠缺等。

③ 市场的不确定性。

④ 技术产品开发的不确定性。

⑤ 财务收益的不确定性。

⑥ 针对企业存在的每一种风险，企业进行风险控制与防范的对策或措施。

对于企业可能面临的各种风险，融资者最好采取客观、实事求是的态度，不能因为其产生的可能性小而忽略不计，也不能为了提高获得投资的机会而故意缩小、隐瞒风险因素，而应该对企业所面临的各种风险都认真加以分析，并针对每一种可能发生的风险作出相应的防范措施，这样才能取得投资者的信任，也有利于引入投资后双方的合作。

（11）附件和备查资料

附件主要是对创业计划书中涉及的一些问题的细节和相关的证书、图表进行描述或证明，如企业的营业执照、公司章程、验资审计报告、税务登记证、高新技术企业（项目）证书、专利证书、鉴定报告、市场调查数据、主要供货商及经销商名单、主要客户名单、场地租用证明、公司及其产品的介绍、宣传等资料、工艺流程图、各种财务报表及财务预估表、专业术语说明等。它与创业计划书主体部分一起装订成册。备查资料只需列出清单，待资金供给方有投资意向时查询。

3. 创业计划书的目录示例

接下来介绍创业计划书的目录示例。一份创业计划书，包括哪些内容？可以参考下面的目录进行了解。

×××××公司创业计划书

目　录

1. 内容概要

1.1　公司介绍

1.2　公司服务

1.3　组织管理

1.4　公司战略与文化

1.5　市场分析

1.6　营销策略

1.7　财务分析

1.8　风险分析

1.9　退出机制

2. 公司描述

2.1　公司简介

2.2　公司战略

2.3　组织管理

2.4　企业文化

3. 市场分析

3.1　外部环境

3.2　行业分析

3.3　市场调研

3.4　消费者定位

3.5　竞争分析

4. 公司服务

4.1　服务总概

4.2　具体服务

5. 营销策略

5.1　营销战略

5.2　营销目标

5.3　营销手段

6. 财务分析

6.1　总投资估算

6.2　成本费用估算

6.3　主营业务收入预测

6.4　预计财务报表

6.5　财务假设

6.6　财务分析

6.7　敏感性分析

6.8　审计

7. 风险分析

7.1　风险预测

7.2　风险控制

（七）创业计划书的展示技巧

1. 明确创业计划的展示对象

（1）企业内部（员工或股东）

表述清晰的书面商业计划，有助于认清创业目标，协调团队的各项工作，增强团队凝聚力和行动力，激发团队一致行动，向目标前进。

对于企业职能部门经理而言，通过分析各环节和未来战略目标的商业计划，能确保自己所做的工作与企业整体计划方向一致。

需要注意的是：商业计划必须严格保密，严防落入竞争者手中。为了保密，有些企业会限制商业计划的复本数量，对特定对象准备特定复本，并要求在不使用时将计划放在文件柜或办公室锁好以确保安全。此外，在商业计划封面印刷"机密文件，未经许可，严禁复印"等字样。

（2）投资者和其他外部利益相关者

投资者、潜在商业伙伴、潜在客户、前来应聘的关键员工等外部利益相关者是创业计划的第二关读者。要吸引这些人，创业计划不要过分乐观，过分乐观会破坏创业计划的可信度。

创业计划必须明确显示商业创意可行，并与那些风险更小的投资选择相比，商业创意能给潜在投资者带来更高的资金回报。对于商业伙伴、客户和前来应聘的关键员工而言，仍需如此。

创业计划必须论证其商业创意的可行性，并开发出一套行之有效的商业模式，并深入认识所处的竞争环境，且注意要展现的事实，即用事实说话。

2. 向投资者陈述创业计划的技巧

（1）陈述准备

与投资者会面之前，创业者一定要准备好幻灯片，而且内容要以预定的陈述时间为限。

陈述的首要原则是严格遵守会议时间地点安排，做好充分准备。如果需要视听设备，应事先准备好。注意不要花费太多时间纠缠于产品或服务的技术，要多花点时间陈述企业自身情况。千万不要忘记重要信息（如申请专利的具体时间等），若创业者回答不上来或者模棱两可，将给投资者留下很差的印象。

注意事项：要确保陈述流畅通顺；幻灯片要简洁鲜明；陈述内容应通俗易懂（忌专业术语）；陈述企业自身状况而非技术或产品；避免遗忘一些重要

的资料。

（2）陈述的关键点以及陈述技巧

陈述仅需要使用 10～15 张幻灯片，不追求全面，要抓重点，尤其是投资者可能感兴趣的部分。

公司：用 1 张幻灯片迅速说明企业概况和目标市场。

机会（尚待解决的问题和未满足的需求）：这是陈述的核心内容，最好占 2～3 张幻灯片。

解决方法：企业将如何解决问题或如何满足需求，该项内容需要 1～2 张幻灯片。

管理团队：用 1～2 张幻灯片简要介绍每个管理者的资格和优势。

产业、目标市场：用 1～2 张幻灯片介绍企业即将进入的产业及目标市场状况。

竞争者：用 1～2 张幻灯片简要介绍直接和间接竞争者，并详细介绍企业如何与目标市场中的现有企业竞争。

知识产权：用 1 张幻灯片介绍企业已有的或待批准的知识产权。

财务：简要说明即可。强调企业何时盈利，为此需要多少资本，以及何时实现现金流持平，最好用 2～3 张幻灯片。

需求、回购和退出战略：用 1 张幻灯片说明企业需求的资金数目及设想的退出战略。

3. 现场答辩与反馈

创业者要敏锐预见投资者可能会提出什么问题，为此创业者就可以做好准备。投资者可能会用很挑剔的眼光看创业计划，这时，创业者可能会很泄气。其实，投资者仅仅是在做分内的事情，提出的问题可能会有很大的帮助，会给创业者很大启发。回答问题阶段是非常重要的，此时投资者往往考察创业者是否挖掘到问题的本质以及对新创企业了解多少。现场回答投资者问题要注意以下方面。

① 对投资者所提问题的要点有准确理解，回答具有针对性而不是泛泛而谈。

② 能在投资者提问结束后迅速作出回答，回答内容连贯、条理清楚。

③ 回答问题准确可信，回答问题建立在准确的事实和可信的逻辑推理上。

④ 特定方面的充分阐述，对投资者特别指出的方面能作出充分的说明和解释。

⑤ 整体答辩具有逻辑性，陈述和回答的内容有整体一致性。

⑥ 团队成员在回答时有较好的配合，能协调合作、彼此互补，对相关领域的问题能阐述清楚。

（八）论证创业计划的途径

1. 通过创业调查论证

所谓创业调查，即围绕创业者的创业方案而展开的行业情况的分析。创业调查包括对市场环境、竞争对手基本情况、客户情况的调查。从中分析创业的可行性，不打无把握的仗。

2. 通过创业计划大赛论证

创业计划大赛不是单纯的、个人的、集中在某一个专业的学生竞赛，而是以实际技术为背景，跨学科的优势互补的团队之间的综合较量。竞赛的意义也不局限于大学校园。从某种程度而言，创业大赛是高等院校与现实社会以及大学生与企业之间的互动与沟通。

参加创业大赛的过程，就是设计、论证、实施、优化完善创业项目的实施方案的系统过程。参赛过程中，有创业团队的精心参与，有指导老师的专业指导，有大赛评委的精彩点评，有各参赛团队和参赛项目的交流，这些都是其他形式所不具备的创业论证优势。

3. 通过创业答辩论证

创业答辩是对创业项目作出的一个可行性的评估，答辩程序包括：首先，对提交的创业计划书进行评估，参加选拔；然后，组委会将召集评审组对创业计划书进行文案评分；最后，获得创业贷款。

（1）创业答辩的考查内容

创业答辩考查的内容有执行总结、项目和公司、产品或服务、市场分析与营销策略、经营管理、团队、财务分析、融资回报、可行性、计划书的写作等。具体考查部分有以下几个方面。

① 科技创业：学生自己的科研成果，在导师指导下参与科研的项目，与导师合作的科研成果。

② 技术优势明显：具有潜在的研发领先能力或自主知识产权。

③ 市场需求大：目标市场明确、潜在需求具有现实性。

④ 替代主流产品与模式：产品可以替代主流产品或模式。

⑤ 经济效益显著：销售量、利润、现金流量、回收期、回报率。

⑥ 创业计划报告书文本突出：主题明确、结构合理、逻辑严谨、论证充分、分析规范、文字通畅、装帧整齐考究。

⑦ 团队优秀：专业结构合理、精干、合作性强、自信坚韧。

（2）创业答辩的评定标准

创业答辩的评定标准主要是考查创业方案的几个主要性质：是否具有可支持性（创业的动机与理念是什么）；是否具有可操作性（如何保证创业战功）；是否具有可营利性（创业能否带来预期的回报）；是否具有可持续性（企业能生存多久）。

创业答辩的评定标准主要是考查创业方案的以下效度。

① 考查创业项目的真实效度。项目方是否有工商登记，项目方的工商登记是否在有效期内，要注意资料中的企业名称与其提供的营业执照上的企业名称、经营范围是否一致。签约时，要与营业执照上的法人签约，加盖营业执照上的法人公章。为安全起见，可进一步向发照当地工商机关查询。按国家对加盟连锁的有关规定，项目方必须满足"2+1"的条件（2个直营店，经营1年以上），才可以进行对外招商，这是国家为保护投资者利益出台的专门政策。

② 考查创业项目的信用效度。项目方提供的办公地址是否真实，是否与营业执照上的地址一致，要注意考查口头、广告或资料宣传的真实性；项目方获奖的情况是否属实，等等。

③ 考查创业项目的盈利效度。投资者一定要对项目的风险性进行充分的考查。对项目可行性的考查内容包括店址、每小时客户流量、全天客户流量、产品受欢迎程度、经营者的经营方式、雇员多少、业务熟练程度，估算其成本和投入产出。对于风险承受能力不足的中小投资者来说，投资安全应是第一位考虑的因素。了解项目方在知识产权方面（技术、商标等）和品牌方面是否存在纠纷，是否拥有完全的所有权。

④ 考查创业项目的行为效度。项目方运作是否规范，是否有统一的内外标志，操作流程是否规范，工艺流程是否规范，服务流程是否规范，章程是否规范等。

⑤ 考查创业项目的发展效度。从低层次看，项目方在市场扩张上是否能够为投资者提供强有力的支持；从高层次看，项目方是否拥有将事业做大的决心，是否拥有长期的战略规划。项目方能否提供强有力的促销支持，如物质方面的

支持和政策方面的支持,这些都对投资者的扩大经营起着直接的影响。项目方能否持续提高自己品牌的价值,则对投资者能否进行有效的扩张起着间接的影响,项目方产品创新的能力也决定着投资者跟随成长的结果。

⑥ 考查创业项目的人才效度。在对项目方进行考查的时候,除了要考查项目主导人的人品、性格、经历、知识结构、拥有的企业资源和社会资源外,还要着重考查项目方的团队,包括成员的素质、从业经历、从业经验、既往业绩、圈内口碑、在性格和专业上的互补性、团队的稳定性。

4. 通过创业模拟论证

对于大学生创业来说,仅仅从教科书或是传统的课堂上学习一些经营管理的相关理论是远远不够的。通过模拟经营或虚拟经营的方式,演练创业计划方案,是保障创业成功的重要途径。

(1) 通过软件模拟经营

企业运营模拟实战训练系统是一种全新的实验实训课程,系统运用计算机软件与网络技术,结合严密的系统和精心设计的商业模拟管理模型及企业决策博弈理论,全面模拟真实企业的商业运营环境,学生在虚拟商业社会中完成企业运营中的各项管理决策。

创业者通过在模拟商业环境中对虚拟企业运营的管理,参与企业运营管理的团队分工战略规划、市场研究、生产计划、研发投入、销售管理、市场拓展、报表分析等决策,掌握在真实企业运营中会遇到的各种决策情况,并对出现的问题和运营结果进行有效分析与评估,从而对企业管理中的各种知识技能有更深切的体会与感受,有效地将所学知识转化为实际动手的能力,提升实际分析问题与解决问题的能力,全面提升创业能力素质。

真实的企业经营中,不允许创业者总是不断尝试,犯各种各样的错误,有些决策失误甚至会导致创业失败。通过经营模拟软件,可以帮助创业者在模拟运营中不冒实际风险,体验创业的运营管理,完成企业运营管理中的分析决策,包括制定企业战略、分析市场信息、制订研发计划、产品特性设计、营销渠道建设、生产制造管理、竞争对手分析、产品定价策略、市场营销推广、全面预算管理、经营绩效分析,等等。在失败中吸取教训,在成功中领悟真谛,从而真正提升创办企业的实际能力。

(2) 组建商务模拟公司

要学习真正的经营之道,仅仅停留在书本层面或是通过软件模拟仍是"纸上得来终觉浅"。组建"商务模拟公司"是一个不错的做法。

"商务模拟公司"的实施方法可参考以下步骤。

① 行业选择。大学生通过思考、讨论，在众多纷杂的行业中，寻找适合自己的创业机会，从而为"开公司挣钱"创造好的开端。这一过程可在一周内完成，设计和展示自己的想法和梦想，活动一开始就达到一个仿真的环境和状态。

② 成本核算。选择行业之后，大学生通过自行组建团队，并在一周内完成拟设公司的成本核算过程。这一阶段的工作，可通过上网查询、市场调查，最后提交创业所需的资金，包括设备、原材料、人工、注册费用等相关费用清单，以避免盲目行动。这些均是在实习单位无法学到的东西，同时也是创业必须熟悉的环节。由此，创业者必须知道项目有风险，投资需谨慎。

③ 创建公司。在前两个步骤中，活动参与者基本上能找到自己的专长。在召开第一次股东大会后，选出董事会、监事会的所有成员，并由董事会组建公司的管理机构，包括采购部、生产部、财务部、营销部、人事部等，竞争（聘）上岗，合理分工。之后完成公司名称、标志的设计，公司文化的宣传，创业计划书的编写，公司章程的拟定，公司组织结构示意图、公司管理制度的制定。同时，按照有限责任公司注册的整体流程，在一周内完成公司登记工作。

在此过程中，由参与者扮演工商、税务、银行、会计事务所等角色，全面模拟公司工商注册的过程，一方面可以使学生对经济法和管理学原理有更深刻的体会；另一方面又使学生熟悉职业岗位所需的各方面理论、知识及法律法规和政策，极大地激发了学生学习的主动性和积极性，从而实现从感性到理性的提升。

④ 公司运营。在公司成立的基础上，活动参与者进行为期三周的模拟公司经营，主要训练公关礼仪、商业谈判、签定合同、布置展区、财务管理、仲裁诉讼等方面的能力。公司运营模拟的主要内容包括：采购原材料，根据营销计划采购商品入库，存货管理，谈判及签定合同，寄发订单；组织生产，根据生产计划组织产品的生产工作、废旧物资的利用，节约成本，增加收入；开展营销，涉及产品定价、广告设计、展销会的布展、上门推销等内容，销售具体商品、签订和提供服务、解决客户异议、处理客户投诉等；财务核算，为保证商流、物流、资金流的合理清晰，做好大量的票据传递和财务管理，做到每日的进销存日报表与现金日记账均核对无误；税务申报，税务申报是保障公司正常运转必不可少的部分，模拟进行增值税、营业税、企业所得税等申报工作。此

过程尽量保持和所安排行业的一致，以求买方和卖方的相互性和竞争性，可适时由某机构担任最终消费者和最初供应商。

⑤ 业绩总结。为了激发创业热情，公平公正地评价每一位活动参与者，主要采取评价方式包括：经营业绩评比，"模拟公司"运营周期结束后，提交公司的资产负债表、损益表及现金流量表，总结经营业绩；岗位技能评比，对参加活动的成员进行岗位技能评比，如评出优秀经理人、优秀策划人、优秀财务总监、优秀营销总监等。

总的来说，对项目方案的论证是一件非常细致的事情，需要创业者有很好的耐心和足够的敏感。为了降低创业风险，就需要严谨细心。

（九）检测创业计划是否合格的 11 条标准

给你 11 条检验标准，从现实角度评价你的创业计划。

1. "电梯"测验

你能在大约上一层电梯的时间里，用最多两个短句告诉我，你的生意如何获利吗？"电梯"测验是广为人知的电梯销售演讲的变本。你需要一个"电梯商业演讲"。为什么？你必须清楚你如何赚钱，商业计划必须简单明了。

用来检验新公司的一个测验就是看公司被解释的难易程度。如果一个人能在他的名片后面概括他的公司计划，通常这意味着他能向员工、顾客和利益相关者描述公司的目标。一份需要一段文字或者 10 分钟来解释的商业计划是含糊不清的。

2. "最多三件事情"测验

成功有赖于创业者将其能力集中在有限的几个关键领域的能力。当你审视一个商业创意时，你需要问自己 3 个问题：这里决定我成功的三件事是什么？我具备在这个范围内成功的必备能力吗？如果没有，如何获得？

3. "假如你是顾客"测验

把你放在潜在顾客的位置上，问你自己一系列的问题：

在已有选择的基础之上，我会买这个公司的新产品和服务吗？

如果是，为什么？

作为一个潜在的买家，我是独一无二的吗？还是很多人和我一样？

我会以现在的全价购买产品和服务吗？

购买服务有多快？多容易？我会立刻购买，还是先了解一下？

4."差异化和市场领导权"测验

成功需要你的生意与众不同并能统治一些东西。钓小池塘里的大鱼比钓大海里的小鱼要好得多。定义你的市场——即使它只是一个更大市场的一小部分——这样你才有与众不同之处吸引这部分顾客,让你统治这个领域。与众不同者必胜,千篇一律者必败。

5."我会被包围吗?"测验

在创业之前,你必须估计很常见的现象带来的风险,以及妨碍你长期成功的可能性。要让公司有一些结构特性,从而使供应商和合伙人难以竞争。从一开始你就要考虑是否能有效构建你的公司,阻止合伙人和供应商复制你向顾客提供的价值的企图。

6."成本翻番"测验

"成本翻番"的本质是:你预料到会出现问题,每件事都比预期的费用要高,通常需要更多的时间实现收益。这个测验检查你犯错误的回旋余地——很显然余地越大越好。看一下你的利润计划(预期的花费,预期收益,取得收益的时间),问自己几个问题:如果成本翻番,这还是一份好的商业计划吗?如果第一年的收益只有预期收益的一半,成本又翻番这还是一个好创意吗?

7. 留下"犯错误试验的空间"测验

好的商业创意通常留给你很大的犯错误的空间。并且记住,你最后挣的钱不一定来自打算挣钱的地方。在你投入时间和精力检测你的公司前使用这个测验最有价值。一旦你已经完善了你的业务模式,你就没必要选择如此大胆的假设了。

8."依赖性"测验

任何公司的重要风险来源之一就是对某个供应商或者顾客的巨大依赖。首要法则是单一顾客不能占据一个公司销售额的35%。所以问问自己:如果环顾四周,我的公司是否严重依赖某个公司呢?如果答案是肯定的,有办法减少这种依赖性或者减轻潜在的损失吗?如果你打算创立的公司严重依赖某个公司,要考虑两个问题:这种依赖性会榨取我的利润吗?如果我依赖的公司停业或者不再同我做生意,将会发生什么事情?

值得注意的是:在当今激烈的竞争环境中,不幸的现实是公司不再像以前那样具有同样的价值了。过去,一个公司在一年中获得特定收入,下一年(管理良好的情况下)也会得到类似的收入。今天,没有持续创新的公司,其收入很有可能逐年下滑。

9."多股收入流"测验

控制风险的传统方法之一是多样化。这涉及公司收入，是指公司从多个来源获得收益的能力。

10."脆弱性"测验

"脆弱性"测验，是用来分析商机的"最坏的情况是什么"的方法。问自己这样一些问题：如果公司开业运转了，什么事情会让我的公司瞬间倒闭？我如何预测现有的和潜在的竞争者对我的公司作出的反应？是否有竞争者，作为对我这个潜在威胁者的反应，有能力将我的公司立刻扫地出门？为什么现有竞争者不会对我的进入作出反应？

11."不只是一条路"测验

如果你的公司或者你将使用的技能能够灵活地朝多个方向发展，你将更有可能成功。但是如果你知道你正在启动一个只有一条路可走的公司，那么你必须停下来思考，因为你没有多少犯错误的机会。

探索与思考

1. 创业的条件是什么？创业核心内容是什么？
2. 寻找项目的原则是什么？
3. 简述创业人应具备哪些创业素养。
4. 简述蒂蒙斯创业理论。模型为什么是倒三角形？
5. 什么是路演？什么是天使资金？
6. 创新创业大赛国赛都有哪些赛项？

第二篇章　职业与就业指导

随笔

我们有幸赶上了中国百年来国运蒸蒸日上的时代,我们不想辜负这个伟大变革的时代。努力拼搏,准备出发!

做好定位,明确优势,发现不足,选定方向,经营未来。

1. 毕业后你的自我定位与求职意向是什么?
2. 你想成为什么样的人?从事什么样的工作?在什么样的企业中发展?
3. 求职前应做哪些准备?
4. 如何提升你的求职竞争力?

第一节 求职前准备

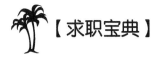【求职宝典】

1. 上午电话通知下午就面试的（校招除外），建议不去，多半不是靠谱岗位。正常情况下，HR 会和你共同决定面试时间。

2. 面试的准备分三方面，知彼知己，百战不殆。

① 了解自己；② 了解应聘公司；③ 了解应聘岗位。

孙子（春秋战国军事家孙武）曰："知彼知己，百战不殆；不知彼而知己，一胜一负；不知彼，不知己，每战必殆。"这打仗的道理同样适用于职场。想要进行一场成功的面试，更需知己知彼，里里外外把自己剖析个透，再把 HR（人力资源）、主管或 CEO（首席执行官）的心理揣摩个几遍，求职成功才有胜算。

找工作是免不了要经过面试的，面试时用人单位考核求职者仪表、性格、知识、能力、经验、思想道德和人品等多方面的内容，看求职者各个方面的条件和工作动机与期望是否符合本单位的要求。那么，求职者在面试前要做好哪些准备呢？

一、了解自己

很多人认为，这一点多余。我还不了解我自己？实际上，我们很多人都不了解自己，尤其是简历里的自己。

简历写错的求职者，简历上写的内容都忘掉的求职者，还有明明自己经历过，却讲不清楚来龙去脉的求职者，这并不少见。建议：

① 熟悉简历内容，确保每段经历都能用简短的语言复述。

② 带过的团队，做过的项目，组织过的活动，以 STAR（情景、任务、行动、结果）的形式准备好。

③ 每一段经历，都应该准备实例和数据证明，会给面试官留下深刻印象。
④ 准备几个感兴趣的问题，面试中如果没有获得解答，可以抛给面试官。

换位思考一下，如果你是面试官，你可能对哪一段经历最感兴趣、最想了解。相应地，这一段经历就应该充分准备，必要的时候，应该将相应的资料和数据随身带上，方便在面试时拿出来作为证明。

二、了解公司和岗位

负责打电话通知面试的 HR，语速都非常快。对于求职者来说，尤其是海投简历的求职者，很容易心虚，不敢多提问，有时候连公司名称都没有听清，怎么办？在电话通知环节，我们必须开口问，有诸多信息要确认，包括面试时间和地点，公司名称和岗位名称，联系人信息（一旦迟到，得提前打电话道歉），面试官是谁（HR 还是直线经理，或者都一次性面试掉），需要准备什么材料（一般逃不掉学历证明、身份证复印件等资料），针对面试岗位需要额外准备什么材料（如：做设计，是不是要带设计稿？）。

（一）了解公司

对公司的了解非常重要，更要注重细节，可以利用互联网工具帮助查询：
- 公司地点在哪里，交通是否方便，需提前多久出发？
- 公司类型如何？我应该如何着装？
- 公司业务如何？上市了吗？财报如何？主要产品有哪些？
- 公司在中国有多少分支机构？最近有什么新动向？
- 公司所在行业有何新动向？发展趋势如何？
- 公司的竞争对手有哪些？公司在行业内排名如何？

一方面，这些背景信息可以增进你对公司的了解，在你决定是否接 offer 时帮上忙。

（二）了解岗位

了解岗位、了解 JD（企业的岗位需求），其实就是在了解企业的痛点。企业的岗位需求通常包含了丰富的信息。

在接到猎头电话时，请不要过分关注招聘广告或是猎头的口头描述，应该首先要看 JD。如果没有 JD，那么这个岗位或是刚开放出来的，企业不会写；或者是这家企业只是想了解一下市场行情，还没有实质的招人计划。

（1）了解岗位的第一种方法

通常来说职场人会把注意力放在岗位要求上，看经验、看学历、看英语能力是否匹配。但实际上最重要的部分是岗位介绍，靠谱的岗位介绍应该包含主要的核心工作内容，作为求职者完全可以对照起来：① 哪些做过，做得好吗？是否有事实依据；② 哪些没有做过，如果问起，怎么展现能够迅速上手的能力？

还可以进一步思考，为什么要招这样的人，是不是这个公司有什么特别的需求或痛点，我是不是能够满足？如果没有合适的答案，就在面试中聆听，如果 HR 没讲，这个问题就可以留在最后提问 HR。

（2）了解岗位的第二种方法

开口问。

首先问 HR，这是否是个新设岗位？岗位直接领导是谁？什么级别的领导？为什么要新设岗位？有哪些困难和挑战？

这些都是最终需要求职者去解决的，如果求职者能从直线经理面试前，就准备好一个解决方案或工作计划，肯定会让面试官眼前一亮。

当然最好的了解岗位的方法还是内部有人。如果你有朋友已经在公司内，他可以帮你问到很多关于岗位的细节问题。比如：公司为什么要设立这个岗位？这个岗位的价值意义何在？需要人来解决什么问题？这岗位招了多久，是不是急切需要人？这些问题的答案，不仅能帮助求职者迅速地了解企业的需求和痛点，增加求职者面试成功概率，还能帮助求职者在薪资谈判时占据有利位置。

如果不是业务岗位，只是支持岗位，怎么写解决方案或工作计划？这时可以写如何做好本职工作。

总结一下：很多求职者都知道面试重要，需要认真准备。但真的到面试邀约来到的时候，又会犯懒不肯去问、去查资料。事后后悔，却太迟了。相反，如果做好充分的准备，但依然被面试官刷下来，这样已尽了全力，就不会后悔。

三、研究面试题目

（一）与自身有关的问题

问题1：请自我介绍一下。

① 面试必答题，面试第一问，就如第一印象，还是要好好准备！

② 面试官希望通过这个问题初步判断你是否能胜任工作，所以建议围绕招聘信息里的任职要求来展开自我介绍，深入挖掘自己的经历与应聘要求有关联的部分。

问题2：谈一谈您离开前一家公司的原因。

① 这个问题的应对思路是建议最好不要掺杂如"工作太辛苦、人际关系太复杂"等主观负面感受，我们找工作也是希望找到大致符合自己需求的工作，比如有的人就是不喜欢太辛苦的工作，而应聘的岗位工作量很大，这就需要和面试官沟通了解清楚，不然入职了也不能安心长久地投入工作。

② 需要避免把"离职原因"说得太详细、太具体，当心变成对前一家公司的"吐槽大会"。

③ 也不宜躲闪、回避，如"想换换环境""个人原因"等。可以围绕"个人发展、快速提升"展开适当说明。

问题3：谈一谈你的一次失败经历。

① 这个问题真需要提前准备，不然一不小心挑了个让面试官严重怀疑你能力的经历怎么办？

② 还是要仔细想想，挑选一个自己很努力去做，但由于很多客观因素影响导致失败的经历，当然，也得表明从中认识到自身的不足，从而努力弥补。

问题4：谈一谈你过去做过的成功案例。

最好举一个你最有把握的例子，关键是说清楚来龙去脉，总结成功的原因。注意不要夸大其词！

问题5：谈一谈你前一份工作对你的影响。

① 就当是对前一份工作的复盘吧。

② 可以从主要工作内容，需要的知识与能力，工作成果总结及反思，你对未来的思考（正好说明为什么要换工作）等方面阐述。

问题6：谈一谈你在五年内的职业规划。

最好细分步骤，从"时间+领域+成果"三个维度说明，如"三年内熟悉产品需要的所有知识与技能，具备一定的技术管理的能力"，表明了你希望的发展路径，也让面试官琢磨公司有没有这样的发展机会提供。

问题7：谈一谈你自己最大的优点和缺点。

① 注意：缺点不宜是严重影响所应聘工作的缺点，也不宜说出令人不放心、不舒服的缺点。

② 从自己的优点说起，中间加一些小缺点，最后再把问题转回到优点上，突出优点的部分，最好你的优点能与所应聘的岗位契合。

问题8：你有什么业余爱好？

① 当然是要回答积极向上的爱好，最好结合所应聘工作的特点来回答。

② 不宜仅限于读书、听音乐、上网等室内爱好，最好能有一些户外的业余爱好来"点缀"你的形象。

问题9：你并非毕业于名牌学校。

① 遇到这个问题，首先得稳住，保持不卑不亢的态度，面试官就是想看你的应对能力。

② 要拿能力说话！把自己目前掌握的技能和自己的经历再想一遍，在能力面前，学历得靠边站！

问题10：为什么你还没有找到工作？

没有找到工作并不是因为能力不行，而是在寻找更好的机会。如"我正在谨慎选择我的工作，也有一些工作可以选择，但并不是非常满意……"

问题11：你在大学里的学习成绩不敢恭维，你如何解释？

这类问题往往是一种"压迫法"的面试技巧，提到的弱点不是问题关键所在，HR是为了看你在压力下如何反应，所以应沉着应付，想办法扭转劣势，表现出自己的能力与修养。

问题12：谈一谈你对跳槽的看法。

① 正常的跳槽能促进人才合理流动，应该支持。

② 频繁的跳槽对企业和个人都不利，应该反对。

（二）与公司有关的问题

问题1：你对我们公司了解有多少？

问题2：你为什么选择我们公司？

问题3：说说你对行业发展趋势的看法？

① 这三个问题考察的都是你求职的动机、愿望以及对此项工作的态度。

② 建议从行业、企业和岗位这三个角度来回答。面试前可以在网上查找该行业的发展情况，该企业在行业中的地位，该企业的主营业务、相关政策、企业文化、各个部门的发展情况等。多方面了解，做足功课，让面试官感受到你的认真，也能帮助自己作出判断和选择。

（三）与岗位相关的问题

问题1：如果我录用你，你将怎样开展工作？

① 如果应聘者对于应聘的职位缺乏足够的了解，最好不要直接说出自己开展工作的具体办法。

② 可以尝试采用迂回战术来回答，如"首先听取领导的指示和要求，然后就有关情况进行了解和熟悉，接下来制订一份近期的工作计划并报领导批准，最后根据计划开展工作。"

问题2：你对工作的期望与目标是什么？

① 这份工作带给自己的锻炼机会，对自己能力的提升，自己希望作出什么样的成绩，给公司带来多少效益。

② 如新产品营销推广岗位，有很多机会去开拓新产品营销推广渠道，在此过程中，自己的调查分析能力有很大的提升，同时为公司带来多少新客户，增加了公司的盈利，等等。

问题3：你是应届毕业生，缺乏经验，如何能胜任这项工作？

① 如果招聘单位对应届毕业生的应聘者提出这个问题，说明招聘单位并不真正在乎"经验"，关键看应聘者怎样回答。

② 回答要突出自己虽然没有经验，但确实对行业、公司、岗位有足够的了解，表现出自己认真敬业的态度以及能胜任这份工作的决心。也可突出自己的快速学习能力，毕竟是应届生。

③ 如"作为应届毕业生，在工作经验方面的确会有所欠缺，因此在读书期间我一直利用各种机会在这个行业里做兼职。我也发现，实际工作远比书本知识丰富、复杂。但我有较强的责任心、适应能力和学习能力，而且比较勤奋，所以在兼职中均能圆满完成各项工作，从中获取的经验也令我受益匪浅。请贵

公司放心，学校所学及兼职的工作经验使我一定能胜任这个职位。"

问题4：如果你被录用了，但工作一段你发现你并不适合这个职位，你怎么办？

① 首先强调，申请这个职位是你经过深思熟虑和全面了解的决定，所谓的不适应可能是业务不熟练导致的。

② 然后表明态度，如果发现短时间内能力与职位有差距，你会不断学习，虚心向领导和同事请教经验，力争减少差距。

问题5：对这项工作，你有哪些可预见的困难？

① 直接说出具体困难不太好，可以先尝试迂回战术，说出对困难所持有的态度——工作中出现一些困难是难免的，关键是面对困难的态度，解决问题的思维。

② 然后可以猜测自己在这项工作中可能遇见的一两个困难，一定记得给出解决方法！这个是面试前就需要想好的。

问题6：就你申请的这个职位，你认为自己欠缺什么？

你可以重新强调自己的优势，然后说："对于这个职位和我的能力来说，我相信自己是可以胜任的，只是缺乏经验。我的学习能力很强，我相信可以很快融入公司的企业文化，进入工作状态。"

（四）与领导同事的相处

问题1：在完成某项工作时，你觉得领导的指示不对，你会怎么做？

① 不能和领导对着干，尤其是在公众场合。当然也不能当"应声虫"，可以私下以请教的口吻表达自己的想法。

② 当领导不采纳我的建议，而我又觉得领导的指示确实不妥，那就多沟通几次，想办法用证据说话。最后还是不行，那也得提出自己的反对意见。

问题2：如果你的工作出现失误，给公司造成损失，你认为该怎么办？

首先强调，本意是为公司努力工作，如果造成经济损失，首要的是解决问题，想办法弥补或挽回。如果确实是工作失误所致，愿意承担责任。还有，记得总结经验教训。

问题3：如果你的工作成绩很突出，得到领导肯定，但却发现同事们因此孤立你，你如何处理？

① 警惕人的"自大心理"，以后要更加努力。

② 检讨自己是不是忽略了与同事的交往，或者有什么事情做得不妥当，产生了误会，毕竟是大部分同事都孤立自己。

③ 会更注意工作方法，多换位思考。

问题4：工作中难以和同事、领导相处，你该怎么办？

① 会服从领导指挥，配合同事的工作。如果发生问题，首先从自身找原因，努力改正。

② 如果难以发现原因，会积极和他们沟通，请他们指出我的不足。

③ 即使在一段时间内，领导和同事对我不理解，我也会做好本职工作，以诚待人。

把这些问题准备好，并对自身的情况也有了很清晰的认识。如果自身能力很强，再换位思考，站在HR和企业管理者的角度思考，他们会需要了解应聘者的信息不过也就如此，那这面试想失败都难！

四、清楚求职的主要方法

（一）网上求职

依靠网络求职，说得更确切些是通过网络获得一次面试的机会，无疑是当今时代所特有的方式。主要包括直接投递简历，网上求职信，网上在线申请，制作个人宣传网页，发布自己的求职启示，主动出击、直接联系等方式。

（二）邮寄简历

邮寄简历是诸多求职方式中历史最悠久的一种，即使在今天，邮寄简历也还是非常必要的。这种方式能方便求职者投递比较多的求职材料，而且每一份材料都能做到量身定做，这有助于你博得用人单位的好感。

（三）借助周围力量

向老师、朋友、老乡、亲戚寻求帮助，动员一切可以动员的力量，其效果往往是自己独自面对就业难题所不能比拟的。通过熟悉的人介绍，成功率会更高，有时候一条独家内幕信息能使整个局面柳暗花明。

（四）通过中介介绍

登记查询是各人才机构或职介机构拥有的最基本服务方式，各家机构在服务质量、手段、收费上差距很大，对应聘个人的求职效益而言也是如此。一般情况下，人才机构（通常情况下用人单位都通过第三方）都拥有一定数量的人才供求信息，其数量、时效性直接影响服务质量和求职效益。

（五）参加人才交流会

人才交流会因其管理规范、信息集中，可进场获取大量求职信息等材料，成为许多用人单位择才的首选方式。相对而言，人才交流会的可信度较高，特别是专门针对应届大学毕业生的专场人才交流会，是绝不应错过的。人才招聘会有这样几种类型：校园招聘会、人才市场招聘会、定期举办的人才集市等。

五、个人资料和心理准备

（一）注意形象，留下良好的第一印象

虽然第一印象并不一定能准确地判断一个人，但大多数人还是喜欢凭借第一印象做出自己的判断，负责招聘的主管人员也是如此。因此求职者在参加面试之前，一定要对自己的整体形象进行设计，争取给用人单位留下好的第一印象。

在着装上要特别注意，如果企业文化是较休闲、不拘小节的，那你的打扮也不要太正式，以免使自己显得有些格格不入；如果企业文化是正规的，那么你的着装就要正式些。除了根据企业文化来着装以外，还要根据自己应聘的职位的性质来选择适当的穿戴。

（二）了解面试单位的情况，做到知己知彼

面试的时候，主考官经常提的问题通常是"你为什么想加入我们公司？我们公司最吸引你的地方是什么？"等有关公司的问题，如果求职者对所要应聘的公司不了解，那么面试的结果可想而知。因此，在面试之前一定要对应聘单位的情况有所了解，做到知己知彼。

(三）保持好心态

许多同学在面试之前都或多或少地存在一些心理问题，有的同学面对用人单位严格的录用程序，如笔试、口试、面试和心理、技能测试等时感到胆战心惊。尤其是对自己向往的高职位、高待遇的单位，参加竞争的人越多，录用的条件越严格，紧张的程度也就越高。其实，这种担心是没有必要的。你要相信：是金子终究会发光的。

（四）各类材料的充分准备

参加面试的时候要准备好个人简历、自荐信、推荐表、协议书、成绩单以及各种相关证书等材料和一支笔。个人简历和自荐信最好中英文各一份，因为有些企业在面试的时候会提出要英文简历，尤其是外企。在面试的时候，即使曾经在网上发过相关资料，自己也还要带一份，出发前一定要检查一下是否携带齐全。

（五）遵守时间

面试的时候，最好提前到达，这样可以稳定自己的情绪以准备面试。面试时绝对不能迟到，也不要太早到达，最好是提前10分钟进场。因为很多企业都是统一安排面试，错过了面试的时间，就可能错过了面试的机会。如遇到意外情况，也要尽量在面试前电话通知单位，说明情况，请求谅解，以免影响单位对自己的印象。

（六）对可能遇到的问题进行准备

对面试时经常会问到的问题进行准备，比如自我介绍、"你为什么想加入我们的团队""你对我们单位了解多少""你的特长是什么"等问题，自己可以假设面试官就在面前，然后模拟回答问题。

注意事项：在接到面试通知电话时，一定要问清楚应聘的公司名称、职位、面试地点、时间等基本信息，最好是顺便问一下公司的网址、通知人的姓名和面试官的职位等信息。最后，别忘了说声谢谢。

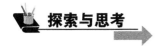

1. 毕业后你的自我定位与求职意向是什么?
2. 你想成为什么样的人?从事什么样的工作?在什么样的企业中发展?
3. 求职前应做哪些准备?
4. 如何提升你的求职竞争力?

设计并写出一份出色的个人简历,对找工作很有用,不仅能让面试官对你有第一步的了解,更是争取面试机会的桥梁。

1. 设计制作一份简历。
2. 说一说设计简历的要点和注意事项。

第二节 简历制作与设计

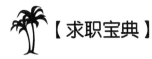【求职宝典】

1. 简历是求职的"敲门砖"。
2. 简历供对方存入计算机、手机或归档备查。
3. 简历展示求职者的技能、态度、资质和自信。

个人简历是求职者给招聘单位发的一份简要介绍。包含自己的基本信息：姓名、性别、年龄、民族、籍贯、政治面貌、学历、联系方式，以及自我评价、工作和实习实践经历、学习经历、技能、荣誉与成就、求职愿望、对这份工作的简要理解等。以简洁、重点突出为最佳标准。

一、制作简历的目的和作用

（一）什么是简历

简历，顾名思义，就是对个人学历、经历、特长、爱好及其他有关情况作出的简明扼要的书面介绍。简历是有针对性的自我介绍的一种规范化、逻辑化的书面表达。

（二）制作简历的目的和作用

1. 对求职者来说，简历是求职的"敲门砖"

简历是用于应聘的书面交流材料，它向未来的雇主表明自己拥有能够满足特定工作要求的技能、态度、资质和自信。成功的简历就是一件营销武器，它向未来的雇主表明自己能够解决其问题或者满足岗位的特定需要，以此确保能够得到会使自己成功的面试。

2. 用人单位存档

写一份好的简历，单独寄出或与求职信配套寄出，可以应聘自己感兴趣的职位。参加求职面试时带上几份，既能为介绍自己提供思路和基本素材，又能供主持面试者详细阅读。面试之后，还可以供对方存入计算机或归档备查。

二、制作简历的原则

（一）要有重点

一个招聘者希望看到你对自己的事业采取的是认真负责的态度。不要忘记雇主在寻找的是适合某一特定职位的人，这个人将是数百应聘者中最合适的一人。

（二）把简历看作一份广告，推销自己

简短而富有感召力的广告才是最成功的，并且能够多次重复重要的信息。简历应该限制在一页纸以内，个人情况介绍不要以段落的形式出现，尽量运用动作性短语使语言更加鲜活有力。在简历页面上端写一段总结性的语言，陈述你在求职上最大的优势，然后在个人介绍中将这些优势以经历和成绩的形式加以叙述。

（三）要陈述有利的信息，争取面试机会

尽量避免在投简历阶段就遭到拒绝。在制作简历时，要强调工作目标和重点，语言要简短，多用动词，并且要避免可能会使你被淘汰的不相关信息。

同时要注意，一份专业的简历还要注意以下八个核心原则。

1. 真实性

简历是给企业的第一张"名片"，不可以撒谎，更不可以掺假，但可以进行优化处理。专家说，优化不等于掺假，即可以选择把强项进行突出，将弱势进行忽略。例如一个应届毕业大学生，可以重点突出在校时的学生会工作和实习、志愿者、支教等工作经历，不单是陈述这些经历本身，更重要的是提炼出自己从中得到了什么具有价值的经验，而这些收获能在今后工作中持续发挥效用。如此一来，HR便不会用"应届生没有工作经验"的理由而拒绝你。

2. 针对性（一岗一简）

做简历时可以事先结合职业规划确定出自己的求职目标，作出有针对性的

版本。这样做往往更容易得到 HR 的认可，避免 HR 看着千篇一律的海投简历感觉索然无味。

3. 价值性

把最有价值的内容放在简历中，无关痛痒的话不需要浪费篇幅，语言讲究平实、客观和精练，太感性的描述不宜出现。通常简历的篇幅为 A4 纸版面 1～2 页，不宜过长，内容不能只有一页半、半页，最好能整理成一页。简历中尽量提供能够证明自己工作业绩的量化数据，比如拓展了多少个新的市场客户，年销售业绩达到多少万元，每年发表学术论文多少篇等。最好还可以提供能够提高职业含金量的成功经历，比如完成了一个很难的项目，拿下了一个很大的客户等。对于自己独有的经历一定要保留，在知名公司工作、参加著名培训、与著名人物接触等都可以重点突出处理。

4. 条理性

将公司可能聘用你的理由用自己过去的经历有条理地表达出来，最重点的内容有个人基本资料、工作经历（职责和业绩）、教育与培训经历，次重要的信息有职业目标（这个一定要标示出来）、核心技能、背景概述、语言与计算机能力以及奖励和荣誉信息，其他的信息可不作展示，对于自己的最闪光点可以点到即止，不要过于详细，留在面试时再作详尽展开。

5. 关键点

信息真实，保护个人隐私。没拿奖学金，千万不能写。招聘公司会暗中核实。大学生在保护自己隐私的前提下，应提供自己的真实信息。网络是虚拟的，但招聘却很真实。许多大公司将"面对面"的招聘会摆到网上，就做好了"打假"的准备。例如，像美国某银行这样的跨国大公司会不惜人力物力，到就业办或者院系印证求职者个人简历中的某个"小细节"；有的公司还会要求填写各类兼职中同事的姓名和手机，一个电话打过去，个人简历的真实性即可验明正身。

除了信息真实、求职诚信外，网上求职还要懂得保护个人隐私。

6. 突出关键

一定要找好自己的关键词！招聘公司网上寻觅，通常以学历、资历、薪资要求、职位意向等为关键词，快速筛选求职者。所以，大学生填写网络个人简历时，要将自己条块化，放进相应的关键词里，在每一个标签下，用直观的数字和实例介绍自己。工作经验、兼职经历、性格爱好、个人能力等简介，要避免大篇的文字描述，尽量浓缩量化成几小点，如参与了哪些项目，写清楚项目的软硬件环境即可；薪资要求要精确到具体数字，少用含糊其词的"上下""左右"等；求职意向不要杂，最好是彼此相关的职位群。

7. 招聘语

网络信息，鱼龙混杂，要懂得识破骗子公司的网络欺诈。建议投简历前先看一下有关防骗的文章，招聘用语暗藏玄机，读懂大小公司的招聘"网语"，有助于大学生网上求职少走弯路，避免受骗上当。正规大公司有专业的人力资源部门，网络招聘中公司简介、职位描述、招聘要求等往往具体而贴切，如职责能力要求、在公司中的位置、向谁负责、由谁领导、薪资待遇、假期规定等都会条理分明，一一注明。而那些过于简单、笼统、千篇一律的公司和职位描述，其背后可能潜伏着一个说谎的"皮包"公司。

8. 关键细节

① 要仔细检查已成文的个人简历，绝对不能出现错别字、语法和标点符号方面的低级错误。最好让文笔好的朋友帮你审查一遍，因为别人比你自己更容易检查出错误。

② 个人简历最好用 A4 标准复印纸打印，字体最好采用常用的宋体或楷体，尽量不要用花里胡哨的艺术字体和彩色字，排版要简洁明快，切忌标新立异，排得像广告一样。当然，如果你应聘的是排版工作则是例外。

③ 要记住个人简历必须突出重点，它不是个人自传，与申请的工作无关的事情尽量不写，而对申请的工作有意义的经历和经验绝不能漏掉。

④ 要保证简历会使招聘者在 30 秒之内，即可判断出投递者的价值，并且决定是否聘用。

⑤ 个人简历越短越好，因为招聘人没有时间或者不愿意花太多的时间阅读一篇冗长空洞的个人简历。最好在一页纸之内完成，一般不要超过两页。

⑥ 切记不要仅仅寄你的个人简历给应聘的公司，附上一封简短的应聘信，会使公司增加对你的好感。

⑦ 要尽量提供个人简历中提到的业绩和能力的证明资料，并作为附件附在个人简历的后面。一定要记住是复印件，千万不要寄原件给招聘单位，以防丢失。

⑧ 一定要用积极的语言，切忌用缺乏自信和消极的语言写个人简历。最好的方法是在心情好的时候编写个人简历。

⑨ 不能凭空编造经历，没有哪个公司会喜欢说谎的员工，但也没有必要写出所有真实的经历，对求职不利的经历你可忽略不写。

⑩ 要组织好个人简历的结构，不能在一个简历中出现重复的内容。让人感到个人简历条理清楚，结构严谨是很重要的。

⑪ 最好用第三人称写你的个人简历，不要在个人简历中出现"我"的字样。

⑫ 个人经历顺序应该从现在开始倒过去叙述，这样可使招聘单位在最短的时间内了解你最近的经历。

⑬ 在结构严谨的前提下，要使个人简历富有创造性，使阅读者能产生很强的阅读兴趣。

⑭ 遣词造句要精雕细磨，惜墨如金。尽量用简洁而又不简单的语言。

⑮ 个人资料里的联系方式一定要齐全，包括手机号码、宿舍固定电话、暂住或家庭地址、E-mail 等，方便招聘单位第一时间通知参加面试或发布面试结果。

⑯ 如果你进行了多项个人职业测评，需注意挑选最恰当的测评结论作为第三方推荐来使用。不要把所有的测评结果都显示到个人简历上去。只有把符合职位要求的职业测评结论显示在个人简历上再发到招聘单位，这样才是最好的。

三、什么是好简历

一份好的简历能迅速吸引 HR 的眼球，而一份垃圾简历会让 HR 顿生反感。那么怎样才能做一份好简历？请注意下面几个重点。

（一）简历针对性要强

有些应聘的大学生，递上来的简历看上去很厚，翻看之后发现都是他做的一些科研项目经历和发表过的一些论文，写得还非常详细：时间、任务、结果等要素一应俱全。但 HR 就是没找到有关他学生工作、社团活动、社会实践之类的描述。

而有的学生这方面做得很好，他甚至把招聘公司的 Logo 都打印在了简历上，而且在求职意向这个项目栏里直接打印上的"×××公司销售岗位"，而不是像有些人在这一栏什么都不填,就空着,见到哪个公司就用笔现写哪个公司,参加什么岗位的面试就现填什么岗位。所以,HR 只要看到求职意向这一栏是手写的简历,就知道这是一份通用型简历,那也证明简历的主人没有明确的目标,基本上是不合格的候选人。

所以,如果你面试的是销售岗位,那就把你平时参加过的各种社会实践活动,以及所获得的荣誉写在简历前面,用最显眼的字体吸引面试官的眼球。记住,你简历上的每句话、每个字都是为了你所要得到的这个岗位而服务的。仔细揣摩下,哪些信息写上最能体现你的价值?哪些信息写不写都没关系?而哪些信息和你面试的岗位没有一点关系?像这种信息哪怕再多也不要写。例如一份简历后面列了一堆让 HR 哭笑不得的证书:篮球裁判、C 本驾照、导游证、二级面点师、报关员……

(二)简历要注意细节

有个简历给 HR 的印象很深:封面制作很漂亮,但打开之后,发现一只蚊子尸体的影印版赫然跃入眼帘。求职者对此的解释是,复印的时候没有注意,把蚊子也印进去了。这个人虽然沟通还算顺畅,但 HR 没有要,因为对于自己的简历这种代表脸面的东西都无所谓的人,HR 不敢保证他以后会不会马马虎虎地对待工作和客户。

这种情况还有很多。例如简历打开浏览了不到半页,就发现六七个错别字,这时求职者还在自我介绍说自己是个认真细心的人,结果 HR 反问一句求职者就答不上来了。还有简历通篇的字体、字号排版错乱,黑体、宋体交杂,4 号字、5 号字交杂。有的甚至把自己的毕业年份都写错,当 HR 提醒之后才慌忙现场拿笔修改。

上面的这些情况其实都可以避免,简历做好之后,只要认真检查两三遍就绝对不会出现这种低级失误。花费 10 个小时撰写简历,找 10 个人去阅读你的简历,然后再修改 10 次,我们通常称之为简历写作"三个 10"原则。其实,求职成功的概率与撰写简历的时间是成正比的。

(三)写在简历上的内容自己要想清楚

凡是写在简历上的信息,建议同学们要先想清楚,不要写一些似是而非、模棱两可、不着边际、瞎编乱造的信息。

例如有位同学简历上写着"爱好：读书，游泳，羽毛球"。HR 就问他都读过什么书，他想了半天说，历史、政治、人物传记类的。HR 接着问最近看的一本书是什么，他又想了半天说是讲拿破仑的，具体什么书名忘了。HR 就更深入地问，你通过这本书学到了什么东西，或者有什么感受。这个同学就完全答不上来了。由此，HR 就会怀疑，他是真的爱好读书，还是假装爱好而已。

还有位同学，简历的封面赫然写着"座右铭：穷则独善其身，达则兼济天下！"HR 就问这是你的座右铭吗？他点头称是。HR 问这句话是谁说的？他一脸茫然。HR 再接着问，这句话表达的是个什么意思？他语无伦次地讲了一堆，最后被 HR 客气地送走了。

还有个人，简历上写着"暑期兼职 TCL 电视促销员，销售额达 10 万元"。HR 就问是在哪儿做的促销？他回答在国美。HR 又问做了多长时间？他回答一个星期。HR 接着问平均每天能卖几台？他回答是 2 台。HR 又问 TCL 当时哪款电视卖得最好，每台多少钱？他支支吾吾答不上来。HR 又问，这 10 万元都是你一个人做的吗？他挣扎了一会儿，说是三个人。最后才知道，他只是负责在国美门口发传单。

由此可以看到，凡是写在简历上的信息，面试官不看则已，一看就会发问，而且一问就是连续性的追问。如果你写在简历上的信息自己都不知道是什么意思，或者根本没这个经历的话，面试官稍一追问就会露馅儿。

所以，建议凡是在简历上写的信息，自己都要非常清楚和了解！但稍微好一些的企业，一般都会有多轮面试，像某大型国企销售公司就有 5 轮面试，后面几轮的面试官都是一线销售岗位的主管，经常面试销售人员，对应届生的这些小花招基本可以洞悉。所以，建议大家简历内容一定要实事求是，对其中的每个词、每句话都要认真地确认，自己理解后再往上写。

（四）简历内容要具体，忌假大空

经常看到一些简历满纸的"较强的沟通能力、很强的社会实践能力、抗压性高……"之类的定性类词汇，不是说这些信息不能写，但是每一条都要有事实和自己的经历来佐证吗！面试官的作用就是通过你的一言一行，以及你过往的经历，来判断你的素质和能力是否符合公司标准。

所以建议大家把一些能表现你自己特质的事情简要地写在简历上，这样内容具体、不空泛，也能让面试官找到提问的方向，让你有更多的机会展示自己。

另一种习惯，有些学生总是爱在简历的页眉或者页脚，或者其他什么醒目的地方，写一句看上去豪情万丈，其实毫无价值的话。例如：

"给我一个机会，还您一个惊喜！"

"相信我，没错的！"

"是金子，在哪儿都会发光！"

"我愿用我的热情为贵企业奉献全部的力量！"

……

有些学生感觉如果不加上这种套话，简历就没有分量。面试官不会因为你写了这些信息就认为你是个有自信、敢担当的人。这种看上去漂亮的话属于那种写在简历上没什么帮助、扔掉它也不会觉得可惜的信息，属于典型的假大空范畴。所以，简历实实在在、清清爽爽就好，没必要狗尾续貂，人云亦云。

因此，一定要注意，我们设计的是简历而不是履历，重在精和简。简历，它是求职者向用人单位介绍其资格、职位、教育和工作经历等情况的文书，它是求职和人才流动的重要文书，它是求职者争取进一步面试的机会。

四、简历制作技巧

一份良好的个人简历对于获得面试机会至关重要。

（一）简历的主要内容

一般来说，简历应包括以下几个方面的内容。

1. *个人基本情况*

包括求职者的姓名、性别、年龄、民族、出生地、籍贯、政治面貌、学校、系别专业、婚姻状况、健康状况、身高、兴趣爱好、家庭住址、电话号码、邮箱等。

2. *求职意向*

即求职目标或个人期望的工作职位，你通过求职希望得到什么样的工作、职位，以及你的奋斗目标，可以和个人特长等结合写在一起。

3. *教育背景*

一般只写大专以上的教育情况。中学的教育状况一般只写高中。应写明起止时间、就读学校、就读专业或学科，并列出所学主要课程及学习成绩，在学校和班级所担任的职务,在校期间所获得的各种奖励和荣誉。时间以倒叙方式书写为好。

4. 项目经验(实习实践)

若有工作经验,最好详细列明。首先列出最近的信息,然后详述起止日期、工作单位、职位或岗位、工作任务、工作内容及过程、工作结果及体会等。

5. 其他

如有重大成果、著作、论文、专利、发明、创新业绩等可以列明,展现你的成功项目或出版的著作。

(二)简历分类

1. 时间型简历

它强调的是求职者的工作经历,大多数应届毕业生都没有参加过工作,更谈不上工作经历,所以这种类型的简历一般不适合毕业生使用。

2. 功能型简历

它强调的是求职者的能力和特长,不注重工作经历,因此对毕业生来说是比较理想的简历类型。

3. 专业型简历

它强调的是求职者的专业及技术技能,也比较适用于毕业生,尤其是申请那些对技术水平和专业能力要求比较高的职位,这种简历最为合适。

4. 业绩型简历

它强调的是求职者在以前的工作中取得过什么成绩、业绩,对于没有工作经历的应届毕业生来说,这种类型较不适合。

5. 创意型简历

这种类型的简历强调的是与众不同的个性和标新立异,目的是表现求职者的创造力和想象力。这种类型的简历不是每个人都适用,比较适合于广告策划、文案、美术设计、从事方向性研究的研发人员等职位。

(三)简历制作原则

1. 针对性强

企业对不同岗位的职业技能与素质需求各不相同。因此,建议在撰写简历时最好先确定求职方向,然后再根据招聘企业的特点及职位要求量身定制,从而制作出一份具有针对性的简历。

2. 言简意赅

一个岗位可能会收到数十封甚至上百封简历,导致 HR 查看简历的时间相当有限。因此,建议求职者的简历要简单而有力度,大多数岗位简历的篇幅最好不超过两页(专业技术相关工作岗位可写成两至三页)。

3. 突出重点,强化优势

简历制作一是目标要突出,应聘何岗位,如果简历中没有明确的目标岗位,则有可能直接被淘汰;二是突出与目标岗位相关的个人优势,包括职业技能与素质及相关工作经历,尽量量化工作成果,用数字和事实说话。

4. 格式方便阅读

每个人的情况毕竟各不一样,因此,建议求职者应该慎用网络上提供的简历模板及简历封面,而是应该根据自身的情况进行合理设计。正常情况下,一份简历只要包含个人基本信息、求职意向、职业技能与素质、职业经历四大部分即可,个人可视具体情况添加。

5. 逻辑清晰,层次分明

简历制作要注意语言表达技巧,描述要严密,上下内容的衔接要合理,教育及工作经历采用倒叙的表达方式,重点部分可放在简历最前面。

6. 客观真实

诚信是做人之根本,事业之根基。一个不讲诚信的人,很难在社会上立足。同理,如果你在简历中弄虚作假,将会失去更多的机会。即使你能侥幸获得面试机会,但有经验的 HR 在面试过程中一般都可以看穿,只要被发现存在作假行为,你将会被拒之门外。一个连诚信都做不到的人,企业拿什么信任你?因此,建议求职者在制作简历时一定要做到客观、真实,可根据自身的情况结合求职意向进行纵深挖掘,合理优化,而非夸大其词,弄虚作假。

(四)简历写作

对大学毕业生来说,求职的首要大事就是做好个人求职简历。大学生简历写作需要注意以下问题。

随着求职竞争压力越来越大,如何在求职简历中体现自己的才能,让自己的简历在成百上千份简历中脱颖而出,成了很多学生绞尽脑汁思考的"课题"。因而也就出现了让一些企业人力资源部门头疼的过度包装、"注水"简历等问题。

1. 切忌简历过度包装

（1）"熟练使用"英语、计算机

英语和计算机已经成为毕业生必备的两项基本技能，学生在个人简历中关于这两项能力的表述几乎是清一色的"精通"或"熟悉"。尽管简历中都说自己英语口语流利，但通常会发现学生并不能听懂提问的问题。这时，企业肯定会对学生的诚信产生怀疑。简历里大家都写着熟练使用计算机，但真正上机操作时，有的学生就显得"迟钝"了。很明显，他们只是掌握了简单的上机操作，与熟练操作相差甚远。

（2）"很强"的团队合作能力

经常被过度包装的还有个人能力，学生对于自己的评价过高，实际却往往相差甚远。学生简历中介绍的信息，企业也开始用心考察。大多数企业很看重团队合作精神，所以很多学生介绍自己有很强的团队合作能力，例如曾带领小组成功完成某个项目等。某用人单位负责人介绍说，企业面试时有个环节叫无领导小组讨论，让五六个学生针对某个问题进行讨论，例如推广公司产品如何在本地上市。这个环节是让几个学生共同讨论出一个结果，观察求职者在团队合作中担当什么角色，能否与别人配合。但经常有学生会表现很突出，抢别人的话，不给其他人发言的机会。这与简历里表述的很强的团队合作能力显然不符。

（3）"突击提拔"自己的职务

大多数的企业倾向于招聘在学校里担任过一定职务的大学生，这促使很多学生在制作求职简历时"突击提拔"自己。学生会的干事可以改为主席；社会活动的参与者可以改为组织者。一些企业发现在收到的简历中，一所学校里同时有 4 个校学生会主席，文娱部部长不少于 8 个。遇到这种情况时，企业也会致电学校老师、同学，核实求职者简历真伪。

（4）把"芝麻"说成"西瓜"

很多学生在校时会参与各种各样的社会实践活动，这些社会实践活动规模有大有小，但在简历中经常被描述成大事，而学生自己在其中起到的也都是举足轻重的作用。有的学生只是在做某个产品的促销或直销，但会说自己曾经在华北区策划组织过产品的推广活动。真正让他介绍任务的执行过程时，学生会说得很笼统，毕竟没有做过的事情，挖空心思也不会介绍得那么翔实，而且言多必失。还有的学生为了证明自己曾经参与过某项活动，把当时拍的现场照片放到简历中，但图片证明不了你的领导能力。如何制作个人简历，真正工作经

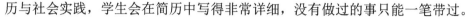

历与社会实践,学生会在简历中写得非常详细,没有做过的事只能一笔带过。

2. 项目经验(实习实践)

许多求职者不知道如何填写"项目描述",往往只是寥寥几笔,这样的简历肯定不会引起 HR 的关注。

首先你要知道用人单位想从你的项目描述中获得什么信息,他们未必真的在乎你的项目用在了哪一行业,为这个行业提高了多少效率,实际上对方需要知道的无外乎以下几点:你在实际开发中用过什么技术、用了多久,你在项目组中的位置、是否能独立解决问题,你的业务知识、团队合作能力等。

显然这是最重要的,你需要非常用心地描述这个项目的技术框架,让对方知道你对宏观架构很熟悉,然后突出你解决的技术问题。

例如:下面这段经历,你将如何描述?

假如你参加了长春市举办的汽博会服务工作,你将如何描述这段工作经历?

描述1:

2018年8月,本人在长春国际会展中心奥迪品牌展位担任营销服务顾问,负责向顾客介绍产品,解答并处理客户的疑问,并与其他组员分工协作,完成品牌展销活动。培养了自身一丝不苟、精益求精的工作态度,锻炼了团队合作能力、工作协调能力及沟通能力。

描述2:

2018年8月8日至28日,本人在长春国际会展中心奥迪品牌展位担任销售服务顾问,负责向顾客介绍产品,解答并处理客户的疑问。在10天的展销会期间,共接待顾客5 000余人次,售出32辆奥迪汽车,意向购买顾客123人,后续工作还在洽谈中;期间与其他组员分工协作,圆满完成品牌展销活动。培养了自身一丝不苟、精益求精的工作态度,锻炼了团队合作能力、工作协调能力及沟通能力,同时专业能力得到了进一步提升。

描述3:

① 2018年8月8日至28日,本人在长春国际会展中心奥迪品牌展位担任销售服务顾问,负责向顾客介绍产品,解答并处理客户的疑问。

② 在10天的展销会期间,共接待顾客5 000余人次,售出32辆奥迪汽车,意向购买顾客123人,后续工作还在洽谈中。

③ 期间与其他组员分工协作,圆满完成品牌展销活动。

④ 培养了自身一丝不苟、精益求精的工作态度,锻炼了团队合作能力、工作协调能力及沟通能力,同时专业能力得到了进一步提升。

描述 3 简单地勾画出了实践的情景、任务、行动和结果,把主要工作和任务、工作结果和成就、从中学到了什么技能、得到了哪些素质的提高,表述得清新流畅,言简意赅,这就是 STAR 描述法。

很多人面试的时候都怕对方突然问自己没有准备的问题,往往缺乏应变能力。一方面你需要多进行专门的练习,另一方面要知道面试时就是简历内容的再现,掌握了 STAR 描述法,一切问题将迎刃而解。

(五)简历被淘汰的原因

1. 缺乏针对性

运用标准模板制作的简历适用于多种行业、多个职位的求职,往往缺乏针对性。

2. 求职简历出现明显错误

有些简历出现一些时间上的错误,例如教育经历中的学历时间,普通本科读了五年或四年,还有两年和一年的;或者教育经历与工作经历时间完全重叠;或者算下来从 11 岁就开始工作经历的等等。这样的简历会被马上淘汰。

3. 电话沟通一问三不知

或许是网络投递简历太轻松了,投出的简历多得连自己应聘了什么职位都不知道。HR 去电,丝毫不在状态,对自己投过的职位压根没印象,更谈不上对企业基本信息的了解。一问三不知,试问企业怎能相中你?

4. 求职简历不完整

工作经验在招聘中是很被 HR 重视的。有的人写自己的工作经历时,不是前边丢掉几年,就是近一两年的工作经历空白,让人对他顿生怀疑,也对他的求职态度和做事态度产生疑虑,再看下去的想法也没有了。

5. 求职简历表述过于简略

有一些人的求职简历相当简单,工作经历只写到年,工作情况只写岗位名称,教育情况只写大专或大本,让人看到后了解的信息实在有限,那么也不会再进一步考虑了。

6. 格式化

许多招聘企业每天都会收到来自四面八方的简历,招聘官每天阅读的都是大同小异的格式化简历。这些毫无个性和鲜明特征的求职简历基本上来自几个渠道，即学校就业指导部门提供的简历模本，打印复印店挂在墙上供大学生们选择的样本，网上下载的格式文本和封面图样，求职指导书登载的简历样本。

7. 一份简历打天下

许多求职者都是制作一份简历后，复印几十份，随时做好把复印的简历递给每一位招聘官的准备。这种求职者占了求职者群体的绝大部分。在许多求职指导书中，专家们用很大的篇幅来指导同学们如何制作一份"放之四海而皆准"的个人简历，并且不厌其烦地从各个角度、各种细节进行指导。这可能也是简历制作日益趋同化的原因之一。

8. 低价制作简历

有的求职者舍不得在简历制作上投入，或者根本就认为简历制作不应该浪费，"打铁还需自身硬"，实力才是关键，简历不过是对自己的一个简单介绍而已，没有必要搞得花里胡哨的，认为花几十块钱做一份简历是不值得的。这种意识同市场营销中的"好酒不怕巷子深"的销售误区如出一辙。许多同学的求职简历成本构成如下：1元钱买一个塑料文件夹，美图自拍一张的彩照或大头照，简历及各种证书的复印费1元，花1~2元上网找样本，共计4~5元。

现如今，"好酒不怕巷子深"的观念早已破除，但在简历制作中，这种观念仍旧占据了统治地位，为许多人所信奉。

9. 见单位就投

基于上述低成本制作的原因，几元钱一份的简历被求职者大方地递给每一个他感到有点希望的招聘官，四处撒网，见人就送。这种情况在各地举行的招聘会上经常见到，有的同学甚至是隔着许多人就把简历从夹缝中递给招聘官，这种盲目撒网的做法往往收效甚微。

10. 自吹自擂

同求职面试中的自我介绍一样，在简历中同学们也容易犯下自我吹嘘、自我标榜的错误。这样的简历见得多了，招聘官们也变成了具有怀疑倾向的"无情杀手"，他们往往本能地怀疑和否定求职者自我肯定的内容。

（六）个人简历的写作标准

整洁：简历一般应打印，保证简历的整洁性。

简明：简历一般要求在 1 200 字以内，不要啰唆，让招聘者在几秒钟内看完，并留下深刻印象。

准确：简历中的名词和术语使用应正确而恰当，没有拼写错误和打印错误。

通俗：简历语言应通俗流畅，没有生僻的字词。

诚实：简历内容应实事求是，不卑不亢，表现自然。

（七）细节问题

个人简历是自己学习生活的简短集锦，也是求职者自我评价和认定的主要材料。它是一扇窗户，能使用人单位透过它了解到求职者的部分情况，也能激发用人单位与求职者进一步接触的浓厚兴趣。

① 个人简历一定要写得充实、有内容、有个性，至少能在一定程度上反映出毕业生的真实情况。

② 个人简历有一两页即可，不可太长。简历的格式应便于阅读，有吸引力，并使人对自己和自己的目标有良好的印象。简历中要充分展示你的专业特长和一般特长，强调过去所取得的成绩，最好能写出三种以上的成绩和优点，并且要讲究材料的排列顺序。

③ 一般而言，白纸黑字应该是个人简历的最佳载体。打印排版时，注意间隔及字体的常规性，同时注意语法、标点和措辞，避免错别字的出现。

④ 不要写那些对你择业不利的情况，如对薪水的要求和工作地点的要求，学习成绩主要写专业课的成绩即可，尤其要注意避免补考的学科。

⑤ 简历中不要面面俱到地展示你的才能，这样用人单位会抓不住重点。

⑥ 建议不要在简历中写明最低薪水要求及职位要求，否则你可能失去面谈的机会；不要预先给自己设定过高的门槛，这样更容易失去面试的机会。

五、简历设计要点

（一）要简短

关于这一点，人们意见有分歧，通常认为写一两页足以。如果你寻求一个部门经理职位，或专业技术职位，写上一两页纸的大学生个人简历是正常的。然而多数情况是，一位工作繁忙的 HR 根本无暇顾及你那份超过两页纸的大学生个人简历，而简短的大学生个人简历往往又比冗长的简历难写。不过，这样的大学生个人简历值得写。

（二）消灭错误

面试官常常很吃惊地看到一份大学生个人简历中出现印刷错误、语法错误及标点符号错误。要是没有这些错误的话，那将会是一份很好的简历。如果有必要的话，找个擅长校对的人员检查一下，自己再检查一遍，切记简历撰写"三个10"原则。

（三）让你的简历看上去很舒服

你一定知道，大学生个人简历的总体形象将会影响用人单位对你的看法。大学生个人简历应布局合理，干净利索而且看上去很专业，还需充分利用页面布局。

（四）使用文字处理程序

人们经常在电脑上制作大学生个人简历。你可以使用不同的文字、字形、字号，很好地设计版式，使用优质的纸张。

（五）强调成绩，使用有分量的词语

在大学生个人简历中，你千万不要简单地列举你所干过的职务，强调你都干了些什么，一定要重点强调你能干某项工作的特别技能以及你所取得的成绩和证书，一定要用数据和事实说话。不要过分谦卑，像面试一样，大学生个人简历不能太谦卑。

（六）仔细推敲每一个词

写一个长一点的初稿，然后删改、删改、再删改。对于不能很好证明你工作能力的词语，尽量删掉，学会使用简历语言。

（七）自己动手

尽管大学生个人简历样篇中的写法是通用的，但最重要的是你的大学生个人简历代表你自己，而不是别人。在大学生个人简历中展现你的技能，并用自

己取得的成果证明它们。如果你写作表达能力差，最好请能力强的人帮忙指导。

（八）不必拘泥格式

大学生个人简历是你自己的简历，所以不管你写什么，只要看着合情合理就行。写大学生个人简历没有固定的格式。

六、简历投递渠道

（一）招聘会的简历投递

1. 有的放矢投递简历

利用招聘会现场的有利条件，与招聘人员积极沟通。想方设法了解企业的情况、某个岗位的具体职责、招聘要求等。在投递简历前可向招聘人员询问是否接收应届毕业生，然后对照自身条件、招聘要求考虑有无成功的可能性。

2. 主动询问应聘结果

尽可能了解招聘方的联系方式、联系人姓名，在简历投递后通过电话、邮件等方式积极主动与招聘方联系，询问应聘结果。

（二）网络招聘的简历投递

1. 有针对性地挑选网站

知名招聘网站的"校园招聘"频道、各地的高校毕业生就业服务网站、高校网站的"招生就业"频道、企业网站的"人才招聘"频道等，这些网站适合毕业生的岗位相对集中。

2. 仔细筛选信息，做到有的放矢

网上的职位信息十分庞杂，要学会利用职位搜索器等工具过滤、筛选信息，留心考察每条招聘信息的真实性和有效性。求职者必须仔细浏览招聘单位简介、招聘职位介绍、信息发布时间、有效期等，必要时还可登录该公司的主页了解更多相关信息。留意对方的用人计划及招聘要求，在全面详细地了解了招聘职位的信息后，根据自己的实际情况投递出简历。

3. 选择合适的方式，第一时间投递简历

找到适合职位后，最好按照招聘方要求的方式进行简历投递。有些公司会在网上公布格式统一的职位申请表，要求填写后发送；还有公司不希望应聘者用附件形式发送简历等。毕业生应按照招聘方要求在第一时间投递简历，将会较为顺利地进入筛选程序，并抢占先机。

4. 忌向一个单位申请多职

在网络求职过程中，毕业生向一个单位同时申请多个职位，并不能表明个人能力出众，相反，用人单位会认为你非常盲目，没有明确目标，缺乏主见。因此，向一家单位同时申请多个职位的做法是不可取的。

5. 主动询问应聘结果

毕业生应尽可能了解招聘方的联系方式、联系人姓名，在简历投递后通过电话、邮件等方式积极主动与招聘方联系，询问应聘结果。

（三）平面媒体招聘的简历投递

毕业生在投递简历前，也要做细致的信息筛选、分析工作，从中找出有用信息。投递简历要本着"及时有效"的原则，在见到招聘信息后尽快投递。特别需要注意的是，若是邮寄简历，一定要在信封的显著位置标明应聘职位，以便招聘人员处理。

毕业生应尽可能了解招聘方的联系方式、联系人姓名，在简历投递后通过电话、信件、邮件等方式积极主动与招聘方联系，询问应聘结果。

（四）忽略五个细节让你的简历"石沉大海"

1. 忽略细节一：忘记附件

用人单位不止一次地收到过这样的电子邮件，正文是几个程式化的句子，特别注明"请考察我附件中的简历"，可附件中空空如也。更有甚者，简历倒是附上了，却显然是未完成的版本。有时候招聘方需要应聘者资料里附上很多的相关文件，如果你能将多个文件做成一个资料包，不管是纸媒介还是 E-mail 的附件，前面再附上一张清单，一目了然又方便审核者保存查阅，第一个印象分就赚到了。所以，注重细节是最基本的要求。

2. 忽略细节二：资料不全

应聘者应仔细阅读招聘广告中要求提交资料的清单，不要遗漏任何文件。每一份文件都是审核必需的，资料不全可能在第一轮筛选中就被排除了。或许你认为有些文件是无关紧要的，或是真的由于疏忽而忘记放进信封中，而审核者会怀疑你在某份文件上存在问题而不便提交。在这里，忽略细节并不代表粗心，而升级为诚信问题。

3. 忽略细节三："海投"简历

应聘者往往认为"广撒网，多捕鱼"，再加上贪图省事，于是制作一式多份一模一样的简历，投往多个企业。对于初次找工作的大学生而言讲这种情况更加普遍，理由有两点：一是既然工作不好找，索性先就业再择业，撞上一个是一个；二是我就这点儿家当，说给谁听都一样。

4. 忽略细节四：简历太"简"

个人简历不仅有外表还得有内涵，几乎所有的人力资源专业人士都赞成简历要"简"，但"简"也得有原则。"简"不代表无，对于求职成功的重要内容是万万"减"不得的。那么对于大学生来讲，什么是求职成功的重要内容呢？除了学习成绩，用人单位更看重的是应聘者的个人能力和发展潜质。

5. 忽略细节五：照片传达错误信息

用人单位在简历筛选阶段还有一个细节绝对不容忽略，那就是照片，有时应聘者会凭借照片获得面试机会。确实，用人单位是否"以貌取人"不好确定，但由于照片失去面试机会却一定是"以貌取人"的结果。那么，且不要责难用人单位是否有招聘歧视，应聘者切勿让个人照片传达错误信息。

最后，再提醒一些有关注册简历的注意事项。

1. 注册简历的邮箱要真实

应聘者注册简历之后，招聘网站通常会发送邮件，提示让你激活自己的简历，就给自己多一个让用人单位发现你的机会。另外，很多用人单位都采用电子邮件发送面试通知的方式，假如你的邮箱是假的，就会收不到面试通知，一定要避免这种低级错误的发生。

2. 注册简历要真实

有些毕业生注册假简历去申请职位，虽然得到很多面试机会，但用人单位问的一些问题，他回答不上来，很快就原形毕露了。所以，同学们在填写简历的时候，千万不要出现类似一个班级有10个班长的情况，这涉及诚信的问题。

3. 认真选择职位再投递简历

看一个职位是否适合自己，要做到"三结合"：一是要结合自己所学的专业；二是要结合自己的特长与兴趣爱好；三是要结合自己的职业规划和发展方向。用人单位也要看你的专业背景和个人特长等潜质。

4. 多上网查看用人单位的面试通知

一般来说,用人单位在一个月内都会有反馈,有的直接回复到简历系统中的邮箱,有的则发送到应聘者的注册邮箱。

5. 及时总结和更新自己的简历

大多数专业招聘网站会有自己专有的简历模板,注册简历后,应聘者需多关注一些最新的招聘信息。此外,应聘者一旦激活了自己的简历,即使不投递简历,只要经常总结自己的经历、更新简历,就会有很多用人单位的人事经理搜索浏览到你的简历,也为自己多争取一个机会。

6. 多方积极寻找有效职位信息

各类招聘网站职位信息很丰富,寻找针对性强的有效职位信息。

探索与思考

1. 设计制作一份简历。
2. 说一说设计简历的要点和注意事项。

随笔

自我介绍是向别人展示自我。介绍得好与不好，直接关系到你给别人第一印象的好坏，及以后交往的顺利与否。同时，也是认识自我的一种手段。在求职面试中自我介绍尤为重要。

1. 请写出 1 分钟和 3 分钟的自我介绍（100~240 字）。
2. 录制视频：1~3 分钟的自我介绍。

第三节　自我介绍

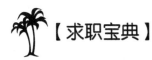【求职宝典】

1. 自我介绍就是"认识——了解——欣赏"三步骤。
2. 求职面试中的自我介绍，目的就是使HR明确求职者的三个问题：
   ① 你现在是干什么的（在共同点中强调不同点）。
   ② 你过去干过什么（保持与将来的一致性或连贯性）。
   ③ 你将来准备干什么（要求具体、合理）。
3. 一分钟自我介绍的字数在240字左右。

自我介绍范文1

各位考官，大家好！

我叫×××，来自×××，年龄××岁，今年6月份毕业于×××大学，专业为×××营销与服务。我上学期间做过保险销售和汽车销售，所以对销售有一定的经验。此外，我在新华书店门市工作过，对服务好顾客有一定的心得。我的英语基础良好，已获得了大学英语四级证书，也在4S店实习过。我奉行态度决定一切的原则，我相信只要踏踏实实地做好每一个细节，服务好客户，通过自己的不懈努力，一定会拥有出色的工作业绩。请考官考虑提供给我一个试岗的机会，我有信心做好该岗位工作，愿意服从贵公司的安排，随时可以就任岗位，并在贵公司做长期发展的准备，因为是贵公司给了我这样一个机会。谢谢！

自我介绍范文2

考官好！很荣幸能有机会向各位进行自我介绍。我叫×××，今年××岁，我学的是×××专业。这次来应聘我觉得自己有能力胜任这份工作，并且有着浓厚的兴趣，×××岗位的基本工作已经熟练，如果能给我个机会，我一定会在工作中好好地表现，一定不会让你们失望。我很乐意回答各位考官所提出来的任何问题，谢谢！

自我介绍范文 3

考官好！我是一名普通的专科应届毕业生，来自×××。我在校担任学生干部期间，获得校级优秀学生干部的称号，有比较好的组织协调能力；在暑假期间多次勤工俭学，吃苦耐劳；参加××省电子设计大赛获省二等奖，有很强的动手能力和学习能力；我可以在不同文化和工作背景下出色地完成任务。希望贵公司给我这样一个机会去服务。谢谢！

点评：一分钟介绍的字数为 240 字左右。

① 首先向在座的领导和前辈们问好。

② 介绍自己来自哪里、姓名，毕业院校、专业技能、工作经历、获得成绩等。

③ 介绍自己的性格、爱好、优点，以前做过什么，现在准备怎么做。

自我介绍是每一个职场中人必然要经历的一件事情，只不过有的人一年用不上几次，而有的人则一个星期可能需要做几次。众所周知，自我介绍是日常工作中与陌生人建立关系、打开局面的一种非常重要的手段。因此，通过自我介绍获得对方的认识甚至认可，是一种非常重要的职场技术。

一、自我介绍内容

1. 姓名
2. 爱好、籍贯、学历或业务经历（应注意与公司有关）
3. 专业知识、学术背景（应注意与岗位、职位有关）
4. 优点、技能（应突出能对公司作出的贡献）
5. 特点、特长（用幽默或警句概括自己的特点可加深印象）
6. 致谢

二、自我介绍运用场合

1. 不认识的朋友初次见面
2. 求职和招聘

3. 参加公务员考试面试
4. 学生入学
5. 各种考试
6. 编辑个人档案和简历
7. 演讲或者主持

三、自我介绍的表现形式

需要进行自我介绍的时机各有不同,因而自我介绍时的表达方法便有所不同。自我介绍的内容是指自我介绍时所表述的主体部分,即在自我介绍时表述的具体形式。

确定自我介绍的具体内容,应兼顾实际需要、所处场景,并应具有鲜明的针对性,切不可"千人一面",一概而论。

依照自我介绍时表述的内容不同,自我介绍可以分为下述五种具体形式。

(一)应酬式

应酬式的自我介绍,适用于某些公共场合和一般性的社交场合,如旅行途中、宴会厅里、社交场合、通电话时。它的对象主要是进行一般接触性的交往对象。对介绍者而言,对方属于泛泛之交,或者早已熟悉,进行自我介绍只不过是为了确认身份、打招呼而已,故此种自我介绍内容要少而精。

应酬式的自我介绍内容最为简洁,往往只包括姓名一项即可。例如:
"您好!我叫张路。"
"我是王岩。"

(二)工作式

工作式的自我介绍,主要适用于工作之中。它是以工作为自我介绍的中心,因工作而交际,因工作而交友。有时,它也被称为公务式的自我介绍。

工作式的自我介绍内容应当包括本人姓名、供职的单位及其部门、担任的职务或从事的具体工作等三项,叫作工作式自我介绍内容三要素,通常缺一不可。其中,第一项姓名,应当一口报出,不可有姓无名,或有名无姓。第二项供职的单位及其部门,最好全面介绍,具体工作部门有时也可以暂不报出。第

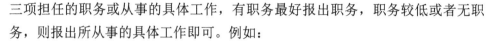

三项担任的职务或从事的具体工作,有职务最好报出职务,职务较低或者无职务,则报出所从事的具体工作即可。例如:

"你好!我叫张羽,是长春职业技术学院就业处处长。"

"我叫刘黎梅,在东北大学国际关系系教外语。"

(三)交流式

交流式的自我介绍,主要适用于社交活动中,寻求与交往对象有进一步交流与沟通的机会,希望对方认识自己、了解自己、与自己建立联系。有时,它也被叫作社交式自我介绍或沟通式自我介绍。

交流式自我介绍的内容大体包括介绍者的姓名、工作、籍贯、学历、兴趣以及与交往对象的某些熟人的关系等。但介绍的内容不一定非要面面俱到,而应依照具体情况而定。例如:

"我叫韩松,在长春吉普有限公司工作。我是吉林大学汽车工程系 90 级的,咱们是校友吧?"

"我的名字叫杜静,在宝马公司当财务总监,我和您先生是高中同学。"

"我叫甄鹂,吉林人。我刚才听见你在唱蒋大为的歌,他是我们吉林人,我特喜欢他唱的歌,你也喜欢吧?"

(四)礼仪式

礼仪式的自我介绍,适用于讲座、报告、演出、庆典、仪式等一些正规而隆重的场合。它是一种意在表示对交往对象友好、敬意的自我介绍。

礼仪式的自我介绍的内容亦包含姓名、单位、职务等项,除此之外还应多加入一些适宜的谦辞、敬语,以示自己的礼貌与优雅。例如:

"各位来宾,大家好!我叫王燕,是丰田公司的副总经理。现在,由我代表本公司热烈欢迎大家光临我们的开业仪式,谢谢大家的支持。"

(五)问答式

问答式的自我介绍,一般适用于求职、应试、应聘和公务交往。在普通性交际应酬场合,也时有所见。

问答式的自我介绍内容,讲究问什么答什么,有问必答。例如:

甲问:"这位小姐,你好!不知道您怎么称呼?"

乙答："先生你好！我是王雪。"

主考官问："请介绍一下你自己。"

应聘者答："各位好！我是张红，今年 23 岁，吉林长春人，汉族，共产党员，未婚，2017 年毕业于长春职业技术学院工程技术分院数控专业。现任一汽大众总装分厂操作技工，已工作 2 年。期间，曾去德国工作半年。本人除精通专业外，还掌握英语、德语，懂电脑，会驾驶汽车。曾在国内正式刊物上发表过 2 篇论文，拥有一项技术专利。"

四、自我介绍类型特点

根据场合和最终目的的不同，此处将，自我介绍分成三种类型。

（一）以求职为目的的自我介绍

这一类自我介绍主要应用于面试过程中，因为其目的是应聘某个职位，所以，自我介绍的信息除了个人的基本情况以外，通常还要涉及既往所取得的成绩、对目标岗位的认识、与目标岗位匹配度、特殊才能或才艺等信息。但由于面试过程中的自我介绍环节往往只有2~5分钟，很难把这些信息全面详细地表述出来，所以，在这个过程中就要掌握一些技巧，主要方式有以下几种。

1. 突出数字

比如做市场的求职者可以用几组数字的对比来描述过去的成绩；搞研发的求职者可以说出研发成果转化率以及所取得的市场收益；做宣传的求职者可以说说品牌知晓度、影响力的变化情况。即便是在校大学生，也可以用数字来表述兼职过程中的成绩。面试官会因此觉得求职者言之有物，进而会从心理上接纳你，认为你具备专业技能。

2. 使用适当的副词或形容词

比如，"通过我和团队的努力，×××项目取得了突破性的进展""与以往的任何一次年会相比，都有很大差异"，等等。面试官往往会关注到"突破性""很大差异"这样的字眼，从而他们有兴趣就这个问题再深入地提问。要知道，虽然面试沟通的时间长短与最终的结果没有必然因果关系，但至少大部分情况下时间很短的面试基本上不会带来好的结果。

3. 个人特点的总结与归纳

这个方法在应届大学生求职过程中使用较多,所以,要想通过表述个人特点达到脱颖而出的目的,还是有一定难度的。因为普遍来看,大部分求职者使用的个人特点的词汇比较接近,而且,其中的大部分没有实际的实例作为佐证。所以,除非你的个人特点很突出,而且有实际事例佐证,否则,尽量不要采取这种方式。

(二)以推销为目的的自我介绍

与以求职为目的的个人推销不同,这里说的主要是对具体产品或服务的推销。基于这一目的的自我介绍,关键是要从客户的兴奋点出发,抓住对方的需求甚至是潜在需求,引导对方说出他们对产品或服务的预期(包括功能、便捷性、后续服务、性价比等),逐步地引出公司的产品或服务,分析其优势,甚至可以与同类竞争性产品做简单比较。当然,这些应该是基于事前已经做过邮件或电话沟通的前提下,如果是纯粹的第一次陌生拜访,基本上只能重点介绍一下公司了,不会涉及得过细,除非时间允许。

(三)以便利日常工作为目的的自我介绍

这个主要涉及的是日常工作中可能会有较多接触的部门或个人,第一次去办事时简单做自我介绍,主要是介绍个人所负责的工作情况,并诚恳地希望得到对方的指导和帮助,关键在于表达诚意;之后的接触中可以逐步聊一些其他的话题,或工作内容等能使对方感兴趣的话题,甚至可以赞美一下对方,表扬他的工作态度。

五、自我介绍中的礼仪内涵

(一)介绍顺序

根据公关礼仪的惯例,地位低者先介绍。比如,主人要先向客人做介绍;公关人员要先向贵宾做介绍;男士要先向女士做介绍;晚辈要先向长辈做介绍。位低者先介绍,这是非常重要的一个细节。当然,有的时候也没有必要过分拘谨,如果对方位低,但他忘了介绍自己,地位较高的人,也可先做个自我介绍。

但是，通常情况下，应该位低的人先做介绍，这是介绍的顺序，这一点很重要。

在进行自我介绍时，要注意先递名片再做介绍。训练有素的公关人员要养成名片使用规范化的习惯，即要先递名片。先递名片有三个好处：其一，避免介绍过多；其二，加深对方印象；其三，表示谦恭。不仅做自我介绍的时候，地位低的人先介绍，交换名片的时候，也是地位低的人先递名片，以表达尊重对方。

（二）公务介绍中的礼仪

在专业场合中，公务介绍含有四个要素，即姓名、单位、部门、职务。例如"您好，我是中国人民大学国际关系学院金正昆教授。"在此，单位、部门、职务、姓名逐一做出介绍。此外，自我介绍时务必要使用全称。当你第一次介绍你的单位和部门的时候，别忘记使用全称。介绍单位时，要报清楚，该报全称的时候报全称，该报简称的时候报简称。

（三）介绍他人

在公关交往中，往往需要你来介绍别人，或者向他人介绍自己。介绍别人时，需要关注以下几点。

1. 谁当介绍人

家里来了客人，一般是女主人当介绍人。如果客人之间彼此不认识，女主人有义务把大家做介绍。单位来了客人一般是谁当介绍人呢？单位来的客人一般是三种人。第一种人，专职人员、公关、文秘、办公室主任。第二种人，对口人员。比如客人销售部李经理，李经理就有义务把客人跟其他在场的不认识的人做介绍。同样的道理，假定你是在校住宿生，你的叔叔或者伯伯到宿舍找你，你就有义务把他向你同学做介绍，并且根据社交礼仪，应该先将他介绍给你的同学，然后再把你的同学介绍给他。第三种人，本单位的领导。单位来了贵宾，本单位职务最高者负责介绍。比如你是公司董事长，省长到你们公司视察工作，董事长就有义务把省长向员工做介绍，就不能让公关经理来招呼，这是对贵宾的尊重。总而言之，谁当介绍人的问题很重要。

2. 介绍顺序

介绍时要关注先后顺序。具体操作时，要注意次序问题，就是把谁介绍给谁。按照社交礼仪，标准的做法是先介绍主人。这种介绍不分男女，不论老幼，也不看职务高低,这是一种宾主介绍。进行宾主介绍要先介绍主人,因为客人拥有优先知情权。换而言之,先介绍的人应该是地位低的,比如介绍男人和女人时,先介绍男士,后介绍女士;介绍晚辈和长辈时,先介绍晚辈,后介绍长辈;介绍上级和下级时,先介绍职位低的,后介绍职位高的。有时候,宾主双方都不止一个人,在工作场合具体应该按照职务高低排序,先介绍董事长和总经理,然后再介绍部门经理;介绍客人时,也按照职位高低排序,先介绍职位高的,后介绍职位低的。

六、自我介绍禁忌

① 不要夸耀自己的"丰功伟绩",小心在别人眼里不值一提。

② 不要篇幅较短,那会显得你很没有文化;也不要长篇大论,过于冗长,那么让人对你没有兴趣。

③ 在不同的场合要有不同的自我介绍,不要用同一种,那会显得分不清场合。

④ 自我介绍切忌话多。

⑤ 要注意逻辑和结构。有些人的自我介绍信手拈来,随便讲,天马行空,没有重点和结构,势必让人摸不着头脑。因此要自己理出一条线,有条不紊地介绍。

⑥ 语速要慢一点,注意抑扬顿挫。

⑦ 可以以另一种方式说一下自己的不足。比如,如果有时比较急躁,可以说成太急于求成;有时对于细节不肯放过而误了大局,可以说成太过于追求完美等。总之,处理得好就可以。

⑧ 团队精神或者组织协调能力越来越受到用人单位的青睐,因此这一层需要个人大致介绍自己的态度与信念。

⑨ 不能重复。

七、求职面试自我介绍

(一)目的

一个常规的面试,寒暄之后面试官提出的第一个问题常常是,"请您简单地做一下自我介绍。"有些求职者会想："简历中情况已经写得很清楚了，这是否多此一举？"

要回答这个问题，首先搞清楚为什么面试官要请你做自我介绍，面试官通过自我介绍想考察求职者哪些素质。只有了解面试官的目的，求职者才能做好自我介绍。

面试官通过求职者自我介绍要考察以下五方面内容。

① 考察自我介绍内容和递交简历内容是否相冲突。如果简历是真实的，口述自我介绍就不会有明显出入。如果简历有假，自我介绍阶段一般就会露出马脚。如求职者回答："我的经历在简历里都写了。"那么，面试官会认为求职者不太真诚，印象分会大打折扣。

② 考察求职者基本的逻辑思维能力、语言表达能力、总结提炼概括能力。

③ 考察求职者是否聚焦、是否简练和精干，以及现场的感知能力与把控能力。

④ 考察求职者初步的自我认知能力和价值取向。因为被面试者要叙述职业切换关键节点处的原因，尤其要考察职业变动的原因。

⑤ 考察被面试者是否听明白了面试官的提问以及时间的掌控能力。有时面试官给出的问题是"请您用 3~5 分钟做一下自我介绍"，被面试者有时一介绍就超过 10 分钟，甚至 20 分钟，逼得面试官不得不多次提醒引导。

所以说，自我介绍是求职者在纸面之外最能够呈现能力的一个方面。一般情况下，也是求职者在整个面试过程中唯一一次主动展示自我的机会。如果还有一次，那就是面试官最后一个问题"您还有什么问题吗？"但这个问题通常只是面试官认为求职者基本符合要求了，才会询问。

（二）技巧

求职者首先礼貌地做一个极简短的开场白，向所有的面试官示意，等面试官注意力集中在你这个"焦点"时再开始。

把握好时间，如果规定了自我介绍时间，注意把握好时间的长短，不要太长，更不要过于简短。一般在家可以先准备好两份自我介绍，通常为一份 1 分钟自我介绍和一份 3 分钟自我介绍。

自我介绍的内容，比如姓名、工作或实习实践经历等履历应该一下带过，因为你的简历上已经有了足够多的介绍，这个时候求职者应该把时间重点放在简历上所没有的东西，即你的应聘优势、工作经验和工作所取得的成绩，用以证明你能够很好地胜任这个职位。

自我介绍的过程中，注意力一定要集中，这也是最起码的礼貌，不要四处张望、漫不经心，可以保持一个姿势，毕竟介绍时间有限。

自我介绍结束后，一定要感谢面试官耐心地聆听。一段简短的自我介绍，就是为了下次更深入地了解而做的准备。

（三）准备

1. 面试前要有充足的准备

在参加面试之前要对该公司进行"摸底调查"，同时要对自己的优、劣势要有全面的认识，这样才能做到知己知彼，百战不殆。

2. 自我介绍时要有一个思路

求职者可以按照工作经历顺序来阐述。比如简历中的几家公司的工作经历做一次大致描述，也可以按照你的能力来阐述，这样会让 HR 觉得你的思路清晰。

3. 注意心态，控制自己的情绪

很多人面试时都很紧张，因而造成吐字不清或者大脑一片空白，其实完全没有必要，要相信自己可以胜任工作，控制好情绪轻松应对。

4. 把握好时间尽量展示自己的才华

求职者介绍自己敬业、认真、务实，但也要谦虚，不能过分夸大。

（四）注意点

① 应以岗位要求为导向。
② 应显示充分的信心（适度谦虚）。
③ 应设法抓住听众的注意力（开好头，介绍自己最擅长的、对方最关心的）。
④ 力求"三突出"。突出优点（可信度），突出个性（鲜明、具体，可借用名人的话），突出重点（有点——重点，有面——广度，以点为主）。
⑤ 切记"两不可"。不可夸张（用事实说话），不可无次序（合乎逻辑）。

（五）评判标准

通常情况下，HR 评价求职者自我介绍的标准包括以下几项。

① 时间。应严格控制在规定时间内，一般短则 0.5～1 分钟，长则 1～3 分

钟，最多 5 分钟。

② 字数。100~1 000 字，200 字左右为宜（机会最多，也最精粹）。

③ 评判标准。视不同的招聘者及不同的岗位工种而定，没有统一标准。但一般比例大致为：语速 10%，语音 10%，清晰度 10%，神态 15%，重点 30%，艺术 25%（警句、格言或其他可加深印象）。

总之，求职者一定要扬长避短地介绍自己，把问题往自己的优势方向引导。这样会给用人单位留下好的印象。不要急于证明"我会怎么样"，而应该思考用人单位"想要我怎么样"。好好想一想企业招人的目的，自己是否适合。

说明：自我介绍、自我评价、技能和专长是三个不同的概念。

自我评价并不等同于自我介绍。自我介绍可以非常详细地介绍自己的特点，篇幅可长可短。自我评价则篇幅短，具有概括力强、针对性强等特点。从人力资源部门的角度来看，他们不会对长篇大论的自我介绍感兴趣，他们只关心求职者最核心的特长与优势。

自我评价也不等同于技能和专长。自我评价属于概括性描述，其中包括了以简短的词汇总结自身的技能和专长；自我评价主要是通过这些简明扼要的概述，向人力资源部门展示自己的综合素质与特点，它包括技能和专长总结、个人资历总结、兴趣爱好描述、沟通协调能力总结等等。而技能和专长则属于具体性描述，它需要全面、详细、有重点地将自身的技能、专长等核心竞争优势向人力资源部门展示。

（六）经验

问题 1：请你介绍一下自己？

回答提示：其实企业最希望知道的是求职者能否胜任工作，包括求职者最强的技能、最深入研究的知识领域、个性中最积极的部分、做过的最成功的事、主要的成就等。这些都可以和学习无关，也可以和学习有关，但要突出积极的个性和做事的能力，说得合情合理，企业才会相信。企业很重视一个人的礼貌，求职者要尊重考官，在回答每个问题之后都说一句"谢谢"，企业喜欢有礼貌的求职者。

问题 2：你觉得你个性上最大的优点是什么？

回答提示：沉着冷静、条理清楚、立场坚定、顽强向上、乐于助人和关心他人、适应能力和幽默感、乐观和友爱。

问题3：说说你最大的缺点。

回答提示：这个问题概率很大，通常不直接回答缺点是什么。如果求职者说自己小心眼、爱忌妒人、非常懒、脾气大、工作效率低，企业肯定不会录用你。绝对不要自作聪明地回答"我最大的缺点是过于追求完美"，有的人以为这样回答会显得自己比较出色，但事实上，你已经岌岌可危了。你可以从自己的优点说起，中间加一些小缺点，最后再把问题转回到优点上，突出优点的部分。企业喜欢聪明的求职者。

问题4：你对加班的看法？

回答提示：实际上好多公司问这个问题，并不证明一定要加班，只是想测试你是否愿意为公司奉献。

回答样本：如果是工作需要我会义不容辞加班，没有任何家庭负担，可以全身心地投入工作。但同时，我也会提高工作效率，减少不必要的加班。

问题5：你对薪资的要求？

回答提示：如果你对薪酬的要求太低，那显然贬低自己的能力；如果你对薪酬的要求太高，又会显得你分量过重，公司受用不起。一些用人单位通常都事先对求聘的职位定下开支预算，因而他们第一次提出的价钱往往是他们所能给予的最高价格，他们问你只不过想证实一下这笔钱是否足以引起你对该工作的兴趣。

如果你必须自己说出具体数目，请不要说一个宽泛的范围，那样你将只能得到最低限度的数字。最好给出一个具体的数字，这样表明你已经对当今的人才市场做了调查，知道像自己这样学历的雇员有什么样的价值。

回答样本一：我对工资没有硬性要求，我相信贵公司在处理我的薪酬问题上会友善合理。我注重的是找对工作机会，所以只要条件公平，我就不会计较太多。

回答样本二：我受过系统的软件编程训练，不需要进行大量的培训，而且我本人也对编程特别感兴趣。因此，我希望公司能根据我的情况和市场的标准水平，给我合理的薪水。

问题6：在五年的时间内，你的职业规划是什么？

回答提示：这是每一个应聘者都不希望被问到的问题，但是几乎每个人都会被问到，比较多的答案是"管理者"。但是近几年来，许多公司都已经建立了专门的技术途径，这些工作地位往往被称作"顾问""参议技师"或"高级软件工程师"等。当然，说出其他一些你感兴趣的职位也是可以的，比如产品销售部经理、生产部经理等一些与你的专业有相关背景的工作。要知道,面试官总是喜欢有进取心的应聘者,此时如果说"不知道",或许就会使你丧失一个好机会。最普通的回答应该是"我准备在技术领域有所作为"或"我希望能按照公司的管理思路发展"。

问题7:朋友对你的评价?

回答提示:想从侧面了解一下你的性格及与人相处的问题。

回答样本一:我的朋友都说我是一个可以信赖的人。因为,我一旦答应别人的事情,就一定会做到;如果我做不到,我就不会轻易许诺。

回答样本二:他们觉得我是一个比较随和的人,与不同的人都可以友好相处。在与人相处时,我总是能站在别人的角度考虑问题。

问题8:你还有什么问题要问吗?

回答提示:企业的这个问题看上去可有可无,其实很关键,企业不喜欢说"没问题"的人,因为企业很注重员工的个性和创新能力。企业也不喜欢求职者问个人福利之类的问题,如果有人这样问:"贵公司对新入公司的员工有没有什么培训项目,我可以参加吗?或者说贵公司的晋升机制是什么样的?"企业将很欢迎,因为体现出你对学习的热情和对公司的忠诚度,以及你的上进心。

问题9:如果通过这次面试我们单位录用了你,但工作一段时间却发现你根本不适合这个职位,你怎么办?

回答提示:一段时间发现工作不适合我,我会考虑不断学习,虚心向领导和同事学习业务知识和处事经验,了解这个职业的精神内涵和职业要求,力争减少差距;如果发现这个职业不适合自己建议尽早更换,去发现适合你的、你热爱的职业,那样你的发展前途也会更大,对单位和个人都有好处。

问题10:在完成某项工作时,你认为领导要求的方式不是最好的,自己还有更好的方法,你会怎么做?

回答样本一:原则上我会尊重和服从领导的工作安排,同时私下找机会以请教的口吻,婉转地表达自己的想法,看看领导是否能改变想法。

回答样本二:如果领导没有采纳我的建议,我也同样会按领导的要求认真地去完成这项工作。

回答样本三:还有一种情况,假如领导要求的方式违背原则,我会坚决提出反对意见,如领导仍固执己见,我会毫不犹豫地再向上级领导反映。

自我介绍是每一个求职者都必然要经历的一件事情,让自己通过自我介绍得到用人单位的认可，是一种非常重要的面试求职技巧。

 **探索与思考**

1. 请写出 1 分钟和 3 分钟的自我介绍（100~240 字）。
2. 录制视频：1~3 分钟的自我介绍。

随笔

"凡事预则立,不预则废",求职面试亦是如此。

找工作免不了要经过面试,面试是用人单位考核求职者仪表、性格、知识、能力、经验、思想道德和人品等方面的内容,看求职者各个方面的条件和工作动机与期望是否符合本单位的要求。

探索与思考

你怎样看待求职面试技巧?求职面试有技巧吗?

第四节　求职面试技巧

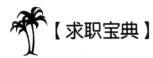
【求职宝典】

1. 有人纠结去大公司还是小公司？

实话实说，同一个行业，大公司的工资水平一般更高，而且培训体系相对更加完善，能学的东西也更多，一般在大公司学到东西跳去小公司直接升职。所以同一个行业不要纠结大公司还是小公司。

2. 该不该去创业公司？

这个就要看行业了，如果你能预测这个创业公司所在的行业正在迅速发展，那么去了会有很多机会，就算是这个公司倒闭了，随着行业的发展，新的公司会应运而生，而你作为最早进入该行业的人，也会随着行业的发展实现自身职业价值。但是如果创业公司的行业不是快速增长的，比如卖空调的创业公司、做手机的创业公司，前景不容乐观。

面试是在有准备、有目的、精心设计的特定场合下，用人单位的人力资源经理面对面地对应聘者进行发问与观察，由表及里地对其人格品德、知识水平、能力素质、性格气质、价值观念、觉悟程度等基本要素进行综合测评的考试活动，是公司挑选职工的一种重要方法。

一、面试基本类型

（一）根据面试的规范程度分类

根据面试的规范程度，面试可分为结构化面试、非结构化面试（无领导面试）和半结构化面试。

1. 结构化面试

结构化面试又称为规范化面试，是指依照预先确定的题目、程序和评分标准进行的面试，要求做到程序的结构化、题目的结构化和评分标准的结构化。

2. 非结构化面试

非结构化面试也称无领导面试，是指在面试中事先没有规定的框架结构，也不使用有确定答案的固定问题的面试。

当下比较流行的一种面试即为无领导面试。

无领导面试的定义：是一种采用情景模拟的方式对应聘者进行的集体面试的考察方式，面试官可以通过应聘者在给定情景下的应对危机、处理紧急事件以及与他人合作的状况来判断该应聘者是否符合岗位需要。

无领导面试的作用：给应聘者提供了一个充分展现个人才能与人格特征的舞台，这类面试对应聘者而言其实更有利。在既定情景下，通过对问题的分析、论述，给面试官留下良好的印象，从而在千军万马的竞争中脱颖而出，迈进成功的大门。无领导面试的特点就是公平度高。

考察要点：沉稳的语调，提出深刻见解；注意人际关系，要有团队精神；观点明确，注意交谈技巧；有气度、讲礼仪。

3. 半结构化面试

半结构化面试是介于结构化面试与非结构化面试之间的一种面试形式。

（二）根据面试实施的方式分类

根据面试实施的方式，面试可分为单独面试与小组面试。

1. 单独面试

单独面试又称为序列化面试，是指面试官与每一位应聘者单独交谈的面试形式。

2. 小组面试

小组面试又称为同时化面试，是指面试官同时对若干个应聘者进行面试的形式。

（三）根据面试的进程分类

根据面试的进程，面试可分为一次性面试与分阶段面试。

1. 一次性面试

一次性面试是指用人单位将应聘者集中在一起一次性完成的面试。

2. 分阶段面试

分阶段面试是指用人单位分几次对应聘者进行面试，分为初试、复试和终试。

（四）根据面试题目的内容分类

根据面试题目的内容，面试可分为情境性面试和经验性面试。

1. 情境性面试

面试题目主要是一些情境性的问题，即给定一个情境，看应聘者在特定的情境中是如何反应的。

2. 经验性面试

主要提问一些与应聘者过去的工作经验有关的问题。

（五）根据面试的场景分类

根据面试的场景，面试可分为工作活动模拟、公文筐测试、角色扮演。

1. 工作活动模拟

如以讲演接待、调查、主持会议等形式模拟一种场景进行面试。

2. 公文筐测试

要求应聘者在规定时间内对各种与应聘岗位有关的文件、报表、信件、电话记录等公文进行处理安排。

3. 角色扮演

给定角色，看应聘者如何进行角色定位、角色扮演，如担任法官、教师或具体职位负责人等。

二、大学生常见面试类型

当下经常被采用的基本面试类型主要有谈话型面试、结构化面试，无领导面试、公文筐测试、角色扮演等。

其中，谈话型面试、结构化面试、无领导面试已成为当前频繁被运用的面试。谈话型面试普遍被企业招聘人员时所采用，结构化面试和无领导面试已被国家公务员、事业单位招录人员时所采用。

谈话型面试在面对面语言交流中进行，在各种对话中结束。这种面试，主要以提问和作答形式进行，是大学生就业中最常遇到的面试形式。

三、面试考核的内容

用人单位在面试环节一般会考核应聘者以下几个方面。

1. 仪表风度

仪表风度是指应聘者的体形、外貌气质、衣着举止、精神状态等。对于应聘者来说,在面试过程中要做到仪表端庄、衣着整洁、举止文明,这样才能给面试官留下做事有规律、注意自我约束、责任心强的良好印象。

2. 专业知识

用人单位会了解应聘者掌握专业知识的深度和广度,其专业知识更新是否符合招聘职位的要求。面试对专业知识的考查更具灵活性和专业性,所提问题也更接近空缺岗位对专业知识的需求。

3. 实习实践经验

用人单位一般根据应聘者的个人简历或求职登记表所提供的实习实践经历来提问。主要查询应聘者有关背景及过去的实习、实践经历,以补充、证实其所具有的实践经验,同时考查应聘者的责任感、主动性、思维力、口头表达能力及危机处理能力等。

4. 口头表达能力

考查应聘者能否将自己的思想、观点、意见或建议顺畅地用语言表达出来。考查的具体内容包括:表达的逻辑性、准确性、感染力、音质、音色、音量、音调等。不同的公司、不同的职位对口头表达能力的要求也不同。对于外企来说,英文的口头表达能力几乎是面试过程中的必考项目。

5. 综合分析能力

考查应聘者是否能对主考官提出的问题,通过分析抓住本质,并且说理透彻、分析全面、条理清晰。

6. 反应能力与应变能力

主要看应聘者对面试官所问的问题理解是否准确,回答是否迅速、到位等。对于突发问题的反应是否机智敏捷、回答恰当,对于意外事情的处理是否得当、妥帖等,也常常是考查的内容。

7. 人际交往能力

在面试中,面试官通过询问应聘者经常参与哪些社团活动,喜欢同哪些类型的人打交道,在各种社交场合扮演什么角色等,从而了解应聘者的人际交往倾向和与人相处的技巧。

8. 自我控制能力与情绪稳定性

自我控制能力对于一些特定岗位来说是非常重要的,如客服、国家公务员及许多其他类型的工作人员。一方面,在遇到上级批评、工作有压力或是个人利益受到冲击时,能够克制、容忍、理智地对待,不至于因情绪波动而影响工作;另一方面,工作要有耐心和韧劲。

9. 工作态度

一是了解应聘者对过去学习、工作的态度;二是了解其对应聘职位的态度。在过去的学习或实习实践中态度不认真、做好做坏无所谓的人,在新的工作岗位也很难做到勤勤恳恳、认真负责。

10. 上进心、进取心

上进心、进取心强烈的人,一般都有事业上的奋斗目标,并会为之而积极努力。上进心强的人努力工作,且不安于现状,工作中常有创新。上进心不强的人,一般都安于现状、无所事事,不求有功、但求无过,对什么事都没有热情。

11. 求职动机

了解应聘者为何来本公司工作,对哪类工作最感兴趣,在工作中追求什么,判断本公司所能提供的职位或工作条件等能否满足其工作要求和期望等。

四、求职面试技巧

"凡事预则立,不预则废",求职面试亦是如此。

面试时候的自我介绍一定要提前准备,要有条理,可以把自己的经历分类,也可以按时间顺序,千万不要东一句西一句。还有很多人喜欢说自己性格开朗,这并不是面试官想要了解的重点,不必赘述,你的经历是需要用成果或者数字来体现的。一般情况都会问你大学里最成功的一件事,这代表了你大学里的最高水平,所以这个回答很重要,要反复打磨。

应聘者要关注用人单位的需求,面试的时候通常会问你是否了解这个公司和这个岗位,如果你对这个公司和这个岗位一无所知,你再优秀也可能无济于事。用人单位的情况可以去"应届生求职网"下载求职大礼包或者去"企查查"查询,上市公司可以看他的股票情况和财务报表,网上还可查阅很多公司和行业的分析报告。做到熟记岗位职责和需求，介绍经历的时候最好和岗位匹配，比如应聘销售岗成绩好不是最被看重的，应聘技术类岗时说自己生意做得好就关联性不大。

一般面试过后面试官会问应聘者有无其他问题。应聘者可以问入职之后的培训情况，也可以问过去公司的变化，还可以问 KPI（绩效考核指标）如何设置，或者说什么样的人在公司更容易成功，自己未来领导的风格是什么样的，等等。

探索与思考

你怎样看待求职面试技巧？求职面试有技巧吗？

具体要了解和知晓哪些政策和法律法规呢?

1. 国家出台了哪些毕业生就业政策和法规?
2. 如何签订就业协议书?应注意哪些主要事项?

第五节　就业政策与法规

【求职宝典】

1. 细心阅读《劳动法》《劳动合同法》。

2. 劳动者：如实告知与劳动合同直接相关的基本情况；用人单位：不能扣押劳动者身份证及其他证件，不能收取押金等财物，不能要求提供担保。

3. 解除和终止劳动合同：劳动者提前30日以书面形式通知用人单位，在试用期内提前3日通知用人单位，可以解除劳动合同。

4. 试用期包括在劳动合同期限内，用人单位必须给予劳动者相应的劳动报酬，必须为劳动者缴纳社会保险，否则属违法行为。

2020年全国普通高校毕业生874万人，比2019年增加40万人，再创历史新高（如图2-1所示）。

教育部要求各地各高校，一方面要以更大的力度拓展基层就业新空间，落实基层就业学费补偿、代偿等政策，会同有关部门增加中央基层项目规模，鼓励更多大学生到部队建功立业；抢抓农村发展重大机遇，推动毕业生服务乡村振兴战略。另一方面，要以更宽的视野打开就业新渠道，围绕"一带一路"建设、京津冀协同发展、长江经济带发展等国家重点建设领域，输送更多毕业生；发挥服务业最大的就业容纳器作用，引导毕业生到文化创意等现代服务业就业创业；构建适应新动能发展、新就业形态的工作机制，支持毕业生到新业态就业；鼓励毕业生到国际组织实习任职。

此外，教育部还要求各地各高校应以更务实的举措开发"双创"新动能，深化高校创新创业教育改革，把创新创业教育融入人才培养体系，落实好创业及培训补贴、保留学籍等扶持政策，加大场地、资金、指导、服务等方面投入力度。各地各高校还应以更优的质量打造就业服务新内涵，广泛应用"互联网+就业"新模式，开展就业困难毕业生专项培训，建立全员参与的"一对一"困难群体精准帮扶机制。

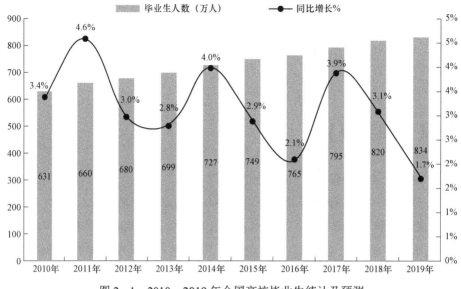

图 2-1 2010—2019 年全国高校毕业生统计及预测

一、教育部公告：公布促进高校毕业生就业的新举措

2009 年 3 月 17 日，教育部下发《国家促进普通高校毕业生就业政策公告》，规定高校毕业生应征入伍服义务兵役政府将补偿学费，代偿助学贷款；荣立二等功及以上的，退役后免试推荐入读硕士研究生。

教育部首次以公告形式公布了国家促进普通高校毕业生就业的政策，包括 20 条新举措，将对五类大学毕业生提供补偿学费、考研加分等优惠政策。

（一）鼓励高校毕业生到基层、到中西部地区就业

① 对到农村基层和城市社区公益性岗位就业的，给予社会保险补贴和公益性岗位补贴；对到农村基层和城市社区其他社会管理和公共服务岗位就业的，给予薪酬或生活补贴。

② 对到中西部地区和艰苦边远地区县以下农村基层单位就业并履行一定服务期限的，由政府补偿学费，代偿助学贷款。

③ 对有基层工作经历的，在研究生招录和事业单位选聘时优先录取。

④ 对参加"选聘高校毕业生到村任职"、"三支一扶"（支教、支农、支医

和扶贫)、"大学生志愿服务西部计划"、"农村义务教育阶段学校教师特设岗位计划"等项目的，给予生活补贴，按规定参加社会保险；项目服务期满并考核合格的，报考硕士研究生初试总分加 10 分，高职（高专）学生可免试入读成人本科；今后相应的自然减员空岗全部聘用参加项目服务期满的高校毕业生。

（二）鼓励高校毕业生应征入伍服义务兵役

⑤ 由政府补偿学费，代偿助学贷款。

⑥ 在选取士官、考军校、安排到技术岗位等方面优先。

⑦ 退役后参加政法院校为基层公检法定向岗位招生考试时，优先录取。

⑧ 具有高职（高专）学历的，退役后免试入读成人本科；或经过一定考核，入读普通本科。

⑨ 退役后报考硕士研究生初试总分加 10 分；荣立二等功及以上的，退役后免试推荐入读硕士研究生。

（三）积极聘用优秀高校毕业生参与重大科研项目

⑩ 高校毕业生在参与项目研究期间，享受劳务性费用和有关社会保险补助，户口、档案可存放在项目单位所在地或入学前家庭所在地人才交流中心。聘用期满，根据需要可以续聘或到其他岗位就业，就业后工龄与参与项目研究期间的工作时间合并计算，社会保险缴费年限连续计算。

（四）鼓励和支持高校毕业生到中小企业就业和自主创业

⑪ 对企业招用非本地户籍的普通高校专科以上毕业生，各地城市应取消落户限制（直辖市按有关规定执行）。

⑫ 为到中小企业就业的高校毕业生提供档案管理、人事代理、社会保险办理和接续等方面的服务。

⑬ 从事个体经营符合条件的，免收行政事业性收费并享受国家相关扶持政策。

⑭ 登记失业并自主创业的，如自筹资金不足，可申请 5 万元小额担保贷款；对合伙经营和组织起来就业的，可按规定适当提高贷款额度。

⑮ 参加创业培训的，按规定给予职业培训补贴。

⑯ 灵活就业并符合规定的，可享受社会保险补贴政策。

（五）强化对困难家庭高校毕业生的就业援助

⑰ 就业困难和零就业家庭的高校毕业生，享受公益性岗位安置、社会保险补贴、公益性岗位补贴等就业援助政策。

⑱ 机关、事业单位免收招聘报名费和体检费。

⑲ 高校可根据实际情况给予适当的求职补贴。

⑳ 对离校后未就业回到原籍的高校毕业生，由各地公共就业服务机构免费提供就业服务并组织就业见习和职业技能培训。

二、《教育部关于做好 2019 届全国普通高等学校毕业生就业创业工作的通知》

各省、自治区、直辖市教育厅（教委），有关省、自治区人力资源社会保障厅，部属各高等学校、部省合建各高等学校：

促进高校毕业生就业创业，既是民生，也是国计，事关广大群众切身利益，事关社会和谐稳定，事关社会主义现代化建设，事关高等教育健康发展。为深入贯彻习近平新时代中国特色社会主义思想和党的十九大精神，全面贯彻落实全国教育大会精神，把"稳就业"放在更加突出的位置，努力实现高校毕业生更高质量和更充分就业，现就有关事项通知如下。

（一）拓宽就业领域，着力促进高校毕业生多渠道就业

1. 引导毕业生到基层就业

各地各高校要深入贯彻落实中央《关于进一步引导和鼓励高校毕业生到基层工作的意见》，落实基层就业学费补偿贷款代偿、考研加分等优惠政策。要继续配合相关部门组织实施好"特岗计划""大学生村官""三支一扶""大学生志愿服务西部计划"等基层就业项目，结合地方实际适当扩大地方基层项目的实施规模。要围绕乡村振兴战略，引导毕业生到现代农业生产、经营等领域就业创业。要发挥服务业最大就业容纳器的重要作用，鼓励毕业生到文化创意、健康养老、服务外包等现代服务业就业创业。鼓励高校毕业生到社会组织就业。

2. 促进毕业生到中小微企业就业

各地各高校要鼓励和促进高校毕业生到实体经济就业，充分发挥中小微企

业吸纳毕业生就业的主渠道作用。要积极配合有关部门落实小微企业吸纳毕业生的社保补贴、培训补贴、降税减费等优惠政策。要加强与中小微企业沟通联系，广泛收集中小微企业招聘信息，积极组织中小微企业进校园招聘，进一步办好全国中小企业网上百日招聘等活动。

3. 服务国家战略开拓就业岗位

各地各高校要主动对接国家经济社会发展的人才需要，围绕"一带一路"建设、雄安新区建设、长江经济带发展、粤港澳大湾区建设、海南自贸试验区建设等，引导毕业生到重点地区、重大工程、重大项目、重要领域就业。要落实区域协调发展战略，鼓励毕业生到中西部地区、东北地区和艰苦边远地区就业创业。要加大对"三区三州"等深度贫困地区的教育脱贫攻坚力度，结合实际制定激励政策，引导毕业生到贫困地区就业创业。

4. 拓展新兴业态就业空间

各地各高校要结合学科专业特色，主动对接以技术集成和商业模式创新为特点的新业态人才需求，充分利用平台经济、众包经济、共享经济、数字经济等新业态，支持鼓励毕业生实现多元化就业。配合有关部门落实相应的社会保障政策和灵活就业、自主创业扶持政策，引导毕业生主动适应新就业形态、新用工方式。

5. 继续做好大学生征兵工作

各地各高校要深入贯彻习近平总书记给南开大学新入伍大学生回信和勉励语精神，认真落实学费资助、复学升学、就业创业等优惠政策。要密切配合兵役机关，面向毕业生、在校生、新生开展有针对性的宣传，集中播放征兵公益宣传片，发放应征入伍宣传单。落实好预订兵工作机制，为大学生入伍开辟绿色通道，鼓励更多大学生参军入伍。

6. 支持大学生到国际组织实习任职

各地各高校要加大经费资助、教育教学、升学就业等政策支持力度。高校要结合学科专业特色，加大双语种或多语种复合型国际化专业人才培养力度。将国际组织基本情况、职业发展路径等内容，纳入大学生就业指导教材和课程。进一步完善信息服务平台，及时收集发布国际组织招聘信息，开展专家讲座、政策咨询、社团活动等系列指导服务。鼓励高校与国际组织开展合作交流，进一步拓展实习任职渠道。

（二）推动双创升级，着力促进高校毕业生自主创业

7. 全面深化高校创新创业教育改革

各地各高校要将创新创业教育贯穿人才培养全过程，把创新创业教育和实践课程纳入高校必修课体系，促进创新创业教育与专业教育有机结合、与思想政治教育深度融合。开展好大学生创新创业训练计划、中国"互联网+"大学生创新创业大赛和"青年红色筑梦之旅"活动，着力培养学生的创新意识、实践能力和奋斗精神。

8. 落实完善创新创业优惠政策

各地要配合有关部门深化商事制度改革，进一步完善落实税费减免、创业担保贷款、创业培训补贴等优惠政策。各高校要按照《普通高等学校学生管理规定》要求，进一步细化创新创业学分积累与转换、弹性学制管理、保留学籍休学创业、支持创新创业学生复学后转入相关专业学习等政策，允许本科生用创业成果申请学位论文答辩。

9. 加大创新创业场地和资金扶持力度

各地各高校要加强大学科技园、创业孵化基地等创新创业平台建设，为大学生创新创业提供场地支持。各高校要积极推动各类研究基地、实验室、仪器设备等教学资源向创新创业学生开放。有条件的地区要积极推进设立高校毕业生就业创业基金，高校要通过政府支持、学校自设、校外合作、风险投资等方式多渠道筹措资金，支持大学生自主创业。

10. 加强创业指导与服务

各地各高校要进一步建立健全各级各类大学生创业服务平台，为大学生创业提供项目对接、财税会计、法律政策、管理咨询等深度服务。鼓励各高校聘请行业专家、创业校友、企业家等担任大学生创业团队指导教师，鼓励专业教师、实验室老师全程指导大学生创新创业。

（三）强化服务保障，着力提高就业创业指导服务水平

11. 健全精准信息服务机制

加强部省校三级就业服务体系建设，建立毕业生求职和用人单位需求数据库，运用大数据技术实现供需智能匹配，为毕业生精准推送政策、岗位和指导。要进一步发挥校园招聘市场的主体作用，鼓励组织分层次、分类别、分行业的

校园招聘活动，支持举办区域性、行业性联合招聘活动。高校举办的大型校园招聘活动要向其他高校有组织开放。做好在内地（祖国大陆）高校就读的港澳台毕业生就业服务工作。

12. 提升毕业生就业能力

各地各高校要加强高校学生职业生涯发展教育，对低年级学生着重进行职业生涯启蒙，对高年级学生着重提升职业素质和求职技能。要结合就业形势和毕业生特点，帮助毕业生调整就业预期，找准职业定位。要多方搭建社会实践、实习实训、职业体验等实践平台，增强学生专业技能和职业能力。鼓励学生在取得毕业证书的同时考取行业企业认可度高的多种类型的培训（或认证）证书。

13. 强化就业困难群体帮扶

各地各高校要准确掌握建档立卡贫困家庭、少数民族、身体残疾等毕业生情况，建立帮扶台账，做到分类帮扶、精准发力。高校要建立校院领导、专业教师、辅导员等全员参与的"一对一"精准帮扶机制。充分挖掘校友、行业企业等社会资源，优先为困难群体推荐岗位。各地要积极创造条件，争取专项资金，开展就业困难毕业生专项培训，提高其就业能力。要配合有关部门落实好求职创业补贴政策，做好离校未就业毕业生的信息衔接和服务接续工作。

14. 切实保护毕业生就业权益

各地各高校要加强校园内招聘活动管理，严禁发布性别、民族、院校、学习方式（全日制和非全日制）等歧视性信息，严格审核用人单位资质、工作岗位信息，重点审核就业中介机构和境外用人单位，严密防范招聘陷阱、就业欺诈、"培训贷"、传销等不法行为。普及就业创业有关法律法规知识，提高大学生的法律意识和维权意识。加强毕业生和用人单位诚信教育和管理，做到诚信签约、诚实履约。

15. 加快高校就业创业指导队伍建设

各地各高校要加快建设一支职业化、专业化、专家化的就业创业指导队伍，在专业技术职务评聘和绩效考核中充分考虑指导教师的工作性质和工作业绩，予以适当支持。要建立高校毕业生就业创业指导教师培训机制，开展专业培训，鼓励指导教师到行业企业挂职锻炼。要定期对辅导员、班主任等就业工作人员进行集中轮训，全面提高政策水平和工作能力。

16. 积极发挥高校毕业生就业状况反馈作用

各地各高校要进一步落实高校毕业生就业质量年度报告编制发布制度，着力完善统计指标和内容，按时向社会发布高校毕业生就业质量年度报告。加快形成就业与招生计划、人才培养联动机制。各地要根据经济社会发展需要以及本地区毕业生就业总体状况，主动对接地区、行业、产业需求，进一步建立完善高校学科专业、培养层次、培养类型动态调整机制，努力实现本地区高等教育规模和结构的科学配置和布局。

（四）加强组织领导，着力深化思想教育和宣传引导

17. 强化组织领导

各地各高校要认真落实就业工作"一把手"工程，切实做到"机构、场地、人员、经费"四到位。高校主要负责同志要亲自部署，分管领导要靠前指挥，院系领导要落实责任，辅导员（班主任）要密切关注毕业生就业进展情况。健全就业、招生、教学、学工、团委、科研等机构分工负责、协同推进的工作机制，千方百计促进毕业生就业创业。

18. 深化思想教育和宣传引导

各地各高校要组织大学生学习习近平总书记关于青年成长成才的重要论述，教育引导毕业生把个人理想融入国家和民族事业当中，鼓励毕业生到基层、西部、祖国最需要的地方建功立业。要广泛宣传解读国家和地方促进就业创业的政策措施，帮助毕业生知晓政策、用好政策，营造就业创业良好舆论氛围。

19. 进一步加强就业工作规范管理

各地各高校要建立就业统计工作责任制，健全毕业生参与的就业状况统计核查机制。各高校要认真落实统计工作"四不准"要求，即不准以任何方式强迫毕业生签订就业协议，不准将毕业证书、学位证书发放与签约挂钩，不准以户档托管为由劝说毕业生签订虚假协议，不准将顶岗实习、见习证明材料作为就业证明材料。各地要对高校毕业生就业工作及数据进行认真核查，对查实的弄虚作假等问题要严查严处，并进行通报。

教育部

2018 年 11 月 27 日

三、《人力资源社会保障部教育部关于实施高校毕业生就业创业促进计划的通知》

各省、自治区、直辖市人力资源社会保障厅（局）、教育厅（教委），部属

各高等学校,新疆生产建设兵团人力资源社会保障局、教育局:

高校毕业生是国家的宝贵财富。高校毕业生就业关系经济转型升级、民生改善和社会稳定大局。为进一步做好高校毕业生就业创业工作,人力资源社会保障部、教育部决定,从 2016 年起实施"高校毕业生就业创业促进计划"。现就有关工作通知如下:

(一)指导思想

深入贯彻党中央、国务院关于促进高校毕业生就业创业的决策部署,坚持使市场在资源配置中起决定性作用和更好发挥政府作用相结合,坚持促进就业和鼓励创业相结合,坚持政策引导和服务创新相结合,针对高校毕业生就业创业特点,发挥政府、高校、社会等各方面作用,加强政策统筹,整合利用资源,畅通就业渠道,改善就业环境,建立健全促进高校毕业生就业创业的长效机制。

(二)目标任务

把有就业创业意愿的高校毕业生全部纳入就业创业促进计划,运用各项政策措施和服务手段综合施策,精准发力,使高校毕业生就业创业能力全面提升,创新创业活力进一步增强,有就业创业需求的都能得到有针对性的指导服务和政策支持,市场供需匹配效率进一步提高,高校毕业生就业权益得到有效保障,努力实现高校毕业生就业保持较高水平。

(三)主要措施

实施能力提升、创业引领、校园精准服务、就业帮扶、权益保护五大行动,加强部门协同、信息共享、工作对接,促进高校毕业生就业创业。

1. 能力提升行动

各地各高校要全面提升高校毕业生就业能力,把学生职业发展与就业指导课程贯穿于整个人才培养体系,完善学科建设、课程设计,纳入教学计划和学分管理。加强就业指导师资培养,积极开展有计划、有组织的培训,在专业技术职务评聘中充分考虑就业指导教师的工作性质、工作业绩,并在同等条件下予以适当倾斜,推进就业指导教师队伍职业化、专业化、专家化。完善就业指导课程内容,深入开展个性化辅导与咨询,帮助毕业生科学规划职业生涯,增强职业素养,提升求职就业能力。注重理论与实践相结合,开展多种形式的模拟实训、职业体验等实践教学活动，有条件的还可组织参观人力资源市场，进行职业能力测评等现场指导，增强毕业生实践能力。各地人力资源社会保障部门要开展高校毕业生技能就业专项活动，选择一批优质职业培训机构、职业院校（含技工院校），加强职业培训，提升毕业生技能水平和就业能力。各地公共就业人才服务机构要联合高校开展有针对性的职业指导活动，做到每个毕业班都能得到群体性指导，每名就业困难毕业生都能得到个性化咨询辅导。

2. 创业引领行动

各地要把鼓励创业作为扩大就业的重要方向，完善支持高校毕业生创业的政策制度和服务体系，进一步扩大高校毕业生创业规模。把创新创业教育作为教育改革的突破口，指导高校将创新创业教育融入人才培养全过程，开发开好创新创业教育课程，制定学分转换、弹性学制、保留学籍休学创业等措施，开展各类创业实践活动，增强大学生创新精神、创业意识和创新创业能力。加强创业培训，针对高校毕业生创业不同阶段的需求，优先安排优质培训资源，开发合适的创业培训课程，使每一个有创业意愿和培训需求的毕业生都有机会获得创业培训。落实好支持创业的便利化措施，会同有关部门简化工商登记手续，提供企业开户便利，按规定给予税费减免优惠，为高校毕业生创业开辟"绿色通道"。拓宽多元化资金支持渠道，落实创业担保贷款政策，鼓励天使基金、风险投资和创业投资基金等社会资本，以多种方式支持高校毕业生创业。提供创业经营场所支持，统筹利用资源建设大学生创业园、留学人员创业园和创业孵化基地，支持发展一批众创空间等新型平台，为高校毕业生提供低成本场所支持和孵化服务，并对符合条件的给予一定场租补贴。加强创业公共服务，探索建立公共服务机构与市场主体合作机制，协调有关方面构建覆盖院校、园区、社会的创业公共服务体系，建立创业服务专家队伍，组织开展创新创业大赛等活动，加强全国大学生创业服务网建设，为高校毕业生创业提供全方位支持。

3. 校园精准服务行动

各地各高校要强化毕业生在校期间就业服务，多渠道搭建校内外资源信息对接的服务平台，建立精准推送就业服务机制，进一步提升人岗匹配效率。各地教育部门要指导高校组织开展就业信息调查，详细了解每一名毕业生的求职地域、就业意愿等需求，建立毕业生求职意愿信息数据库。高校要向社会发布本校专业学科设置、毕业生规模结构等信息，方便各类用人单位了解毕业生情况、确定招聘需求。积极主动开拓就业市场，通过与企业洽谈、调动校友资源、与人力资源社会保障部门对接等多种途径，广泛收集用人需求信息，建立用人单位岗位需求信息数据库。搭建精准对接服务平台，运用微信、微博、APP移动客户端等技术手段，将毕业生数据库与用人岗位数据库对接，根据需求推送岗位、政策、服务等信息，促进供需精准匹配。充分发挥校园市场的主体作用，根据供求双方特点，分层次、分类别、分行业举办各类招聘活动，提高招聘服务效率。加大困难帮扶力度，准确掌握家庭困难特别是建档立卡贫困家庭、零就业家庭毕业生，以及少数民族、农村生源、残疾等毕业生的具体情况，实行"一生一策"动态管理，做好个性化指导和岗位推荐，及时发放求职创业补贴，力争帮助更多毕业生在离校前落实就业岗位。做好基层服务项目、大学生征兵等组织工作，落实好基层就业学费补偿、助学贷款代偿政策。各地人力资源社会保障部门要积极开展公共就业人才服务进校园活动，组织政策宣讲，提供一批岗位信息，举办大中城市联合招聘等专项活动，推进地方公共就业人才服务网与高校校园网、新职业网、中国公共招聘网互联互通和岗位跨区域共享，为毕业生求职就业提供更加便捷高效的就业服务。

4. 就业帮扶行动

各地要将有就业意愿的离校未就业高校毕业生全部纳入公共就业人才服务范围，综合运用一揽子措施，力争使每一名有就业意愿的离校未就业高校毕业生在毕业半年内实现就业或参加到就业准备活动中。做好毕业生离校前后的信息衔接，城市人力资源社会保障部门要主动与所在地高校对接，掌握毕业生基本情况，省级人力资源社会保障部门、教育部门和高校要在毕业生离校后及早开展信息衔接工作，加强信息校核，确保重要信息完整，进一步健全离校未就业高校毕业生实名信息数据库。建立登记信息反馈制度，各地公共就业人才服务机构对报到接收的未就业毕业生进行实名登记后，通过适当方式向高校或教育部门反馈相关信息，共同做好跟踪服务。完善实名制精准服务制度，逐个联系、逐一了解未就业毕业生需求，提供一次职业指导，帮助制定个性化求职就业方案，同时深入企业挖掘岗位信息、了解用人需求，指导企业合理设置招聘条件，向企业推送未就业毕业生信息，积极促进人岗匹配。丰富拓展职业培训、就业见习等服务内容，健全规范管理制度，提升服务保障能力，确保有需求的毕业生都能纳入其中。加强对各类就业困难毕业生和长期失业毕业生的就业援助，各级公共就业人才服务机构和基层服务平台要指定专人负责，建立专门台账，根据他们的基本情况和就业需求，提供"一对一"指导和服务，优先推荐岗位信息,优先参加培训见习,优先提供创业扶持,帮助他们尽快实现就业创业。

5. 权益保护行动

各地要进一步加强高校毕业生就业管理服务,完善竞争有序的人力资源市场环境,切实保护高校毕业生就业权益。抓好高校毕业生就业创业各项政策落地,简化政策操作流程,指导帮助申请政策的毕业生做好材料准备、手续申报等事项,加快审批办理进度,确保政策及时兑现。拓宽高校毕业生就业渠道,推进国有企业招聘应届高校毕业生信息公开,健全毕业生到基层工作的服务保障机制,帮助他们解决好薪酬待遇、职称评定、落户、档案管理、社会保险转移接续等实际问题,促进人才合理流动。加强人力资源市场监管,开展人力资源市场秩序清理整顿专项行动,严厉打击招聘过程中的欺诈行为,依法纠正性别、民族等就业歧视现象,加大劳动用工、缴纳社会保险费等方面的劳动保障监察力度,维护高校毕业生就业权益,营造公平就业良好环境。

(四)工作要求

1. 加强组织领导。各地人力资源社会保障部门、教育部门、各高校要高度重视就业创业促进计划,将其作为高校毕业生就业创业工作的重要抓手,列入工作考核内容,加大对校园招聘、就业创业服务等经费保障,大力推动实施。要结合实际制定具体实施方案,充实细化计划内容,明确工作任务、职责分工、时间进度和工作要求。探索创新推进计划实施的有效方式,及时总结经验做法,调整完善工作措施。加强高校毕业生就业数据信息统计监督管理工作,确保就业数据信息真实、准确。

2. 加强部门协同。各地人力资源社会保障部门、教育部门、各高校要加强协同配合,建立健全涵盖学校内外各阶段、求职就业各环节、就业创业全过程的服务体系,分工负责、齐抓共管,共同推进计划实施。建立部门间信息通报机制,定期调度工作进展,加强毕业生就业情况交流,同时加大督促检查力度,积极协调解决工作推进中遇到的困难和问题,确保完成计划目标任务。密切跟踪高校毕业生就业形势,根据形势变化有针对性地采取措施。

3. 加强宣传动员。各地人力资源社会保障部门、教育部门、各高校要制定宣传方案,以高校毕业生喜闻乐见的方式,大力宣传解读国家促进毕业生就业创业的政策措施,宣传就业创业促进计划的目标任务和行动举措,力争使每一名高校毕业生都知晓计划并积极参与。以实施计划为主题，制作一批宣传资料在公共就业人才服务机构、高校及校园网站、街道社区等场所和平台张贴发布。树立一批高校毕业生就业创业先进典型，加强思想教育，引导广大毕业生树立正确的就业观和择业观，积极主动就业创业。

人力资源社会保障部

教育部

2016年10月26日

四、全力促进高校毕业生就业创业工作

2020届全国普通高校毕业生874万人。尽管就业创业工作面临复杂严峻的形势，不确定和不稳定因素在增加，但我国经济运行总体平稳，对高校毕业生需求总体稳定，创业环境不断优化，我们有条件、有能力应对好各种困难和挑战。各地各高校要抓住关键环节，全力做好2020届高校毕业生就业创业工作。

（一）以更大的力度拓展基层就业新空间

落实基层就业学费补偿代偿等政策，会同有关部门增加中央基层项目规模。深入贯彻习近平总书记给南开大学新入伍大学生回信和勉励语精神，鼓励更多大学生到部队建功立业。抢抓农村发展重大机遇，推动毕业生服务乡村振兴战略。

（二）以更宽的视野打开就业新渠道

围绕"一带一路"建设、京津冀协同发展、长江经济带发展等国家重点建设领域，输送更多毕业生。发挥服务业最大的就业容纳器作用，引导毕业生到文化创意等现代服务业就业创业。构建适应新动能发展、新就业形态的工作机制，支持毕业生到新业态就业。鼓励毕业生到国际组织实习任职。

（三）以更实的举措开发"双创"新动能

深化高校创新创业教育改革，把创新创业教育融入人才培养体系。宣传落实好创业及培训补贴、保留学籍等扶持政策，加大场地、资金、指导、服务等方面投入力度。

(四)以更优的质量打造就业服务新内涵

广泛应用"互联网+就业"新模式,促进供需精准对接。加强职业生涯发展教育,开展就业困难毕业生专项培训,建立全员参与的"一对一"困难群体精准帮扶机制。严格落实"三严禁"要求,坚决遏制任何形式的就业歧视,防范就业欺诈行为。加快建设一支职业化、专业化、专家化的就业创业指导队伍。

教育部党组成员、副部长林蕙青强调,要狠抓责任落实,落实就业工作"一把手工程";要狠抓预警防范,针对可能变化的形势,制定专门应对预案,提前建立政策储备;要狠抓督查整改,坚决落实就业统计"四不准"要求,对弄虚作假问题严查严处;要狠抓宣传引导,大力宣传毕业生就业先进典型,引导毕业生积极主动就业,到基层建功立业。

五、就业协议书

(一)什么是就业协议书

就业协议书是《全国普通高等学校毕业生就业协议书》的简称,是普通高等学校毕业生和用人单位在正式确立劳动人事关系前,经双向选择,在规定期限内确立就业关系、明确双方权利和义务而达成的书面协议,是用人单位确认毕业生相关信息真实可靠以及接收毕业生的重要凭据,也是高校进行毕业生就业管理、编制就业方案以及毕业生办理就业落户手续等有关事项的重要依据。协议在毕业生到单位报到、用人单位正式接收后自行终止。就业协议一般由国家教育部或各省、市、自治区就业主管部门统一制表,一式三份,用人单位、学生、学院各一份(亦称三方协议)。样式参见附件1。

(二)就业协议与劳动合同的区别

就业协议与劳动合同是用人单位录用毕业生时所订立的书面协议,但两者分处两个相互联系的不同阶段。

毕业生就业协议是毕业生在校时,由学校参与见证的,与用人单位协商签订的,是编制毕业生就业计划方案和毕业生派遣的依据。劳动合同是毕业生与用人单位明确劳动关系中权利义务关系的协议,学校不是劳动合同的主体,也不是劳动合同的见证方，劳动合同是上岗毕业生从事何种岗位、享受何种待遇等权利和义务的依据。

毕业生就业协议的内容主要是毕业生如实介绍自身情况，并表示愿意到用人单位就业、用人单位表示愿意接收毕业生，学校同意推荐毕业生并列入就业计划进行派遣。劳动合同的内容涉及劳动报酬、劳动保护、工作内容、劳动纪律等方方面面，更为具体，劳动权利义务更为明确。

一般来说就业协议签订在前，劳动合同订立在后，如果毕业生与用人单位就工资待遇、住房等有事先约定，亦可在就业协议备注条款中予以注明，日后订立劳动合同对此内容应予认可。

就业协议是毕业生和用人单位关于将来就业意向的初步约定，对于双方的基本条件以及即将签订劳动合同的部分基本内容大体认可，并经用人单位的上级主管部门，高校毕业生和用人单位签字盖章承诺履行协议，高校不作为第三方。高校只在“有关信息及意见”一栏填写（或制作长条章加盖）学校的联系电话、邮箱、邮寄地址及相关意见等信息。一经毕业生、用人单位、高校、用人单位主管部门签字盖章，即具有一定的法律效应，是编制毕业生的就业计划和将来可能发生违约情况时的判断依据。全国普通高等学校毕业生就业协议书如图 2.2 所示。

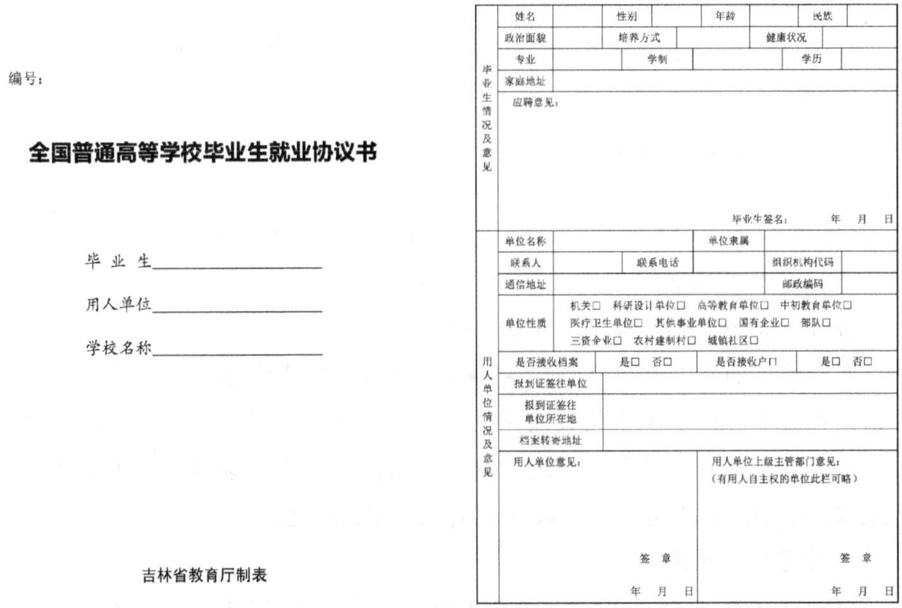
编号：

全国普通高等学校毕业生就业协议书

毕　业　生＿＿＿＿＿＿＿＿＿

用人单位＿＿＿＿＿＿＿＿＿

学校名称＿＿＿＿＿＿＿＿＿

吉林省教育厅制表

毕业生情况及意见	姓名		性别		年龄		民族	
	政治面貌		培养方式		健康状况			
	专业		学制		学历			
	家庭地址							
	应聘意见： 毕业生签名：　年　月　日							
用人单位情况及意见	单位名称		单位隶属					
	联系人		联系电话		组织机构代码			
	通信地址		邮政编码					
	单位性质	机关□　科研设计单位□　高等教育单位□　中初教育单位□　医疗卫生单位□　其他事业单位□　国有企业□　部队□　三资企业□　农村建制村□　城镇社区□						
	是否接收档案	是□　否□	是否接收户口	是□　否□				
	报到证签往单位							
	报到证签往单位所在地							
	档案转寄地址							
	用人单位意见： 签　章 年　月　日		用人单位上级主管部门意见： （有用人自主权的单位此栏可略） 签　章 年　月　日					

图 2－2　全国普通高等学校毕业生就业协议书

(三)就业协议书的基本内容

就业协议书的基本内容包括以下几个方面。

(1)高校毕业生基本情况,应包括:姓名、性别、身份证号、专业、学制、毕业时间、学历、联系方式等。

(2)用人单位基本情况,应包括:单位名称、组织机构代码、单位性质、联系人及联系方式、档案接收地等。

(3)高校毕业生和用人单位约定的有关内容,可包括:工作地点及工作岗位;户口迁入地;违约责任;协议自动失效条款、协议终止条款;双方约定的其他事宜。

(4)各方应严格履行协议,任何一方若违反协议,应承担违约责任。

(5)其他补充协议。

由甲方(用人单位)和乙方(高校毕业生),同意签订如下协议。

① 甲方应如实向乙方介绍情况,经了解,同意接受乙方,并负责有关接收手续。

② 乙方应如实向甲方介绍情况,同意到甲方工作,服从甲方的工作安排。

③ 甲乙双方如有其他约定,应在备注栏明确,并视为本协议书的一部分。

④ 双方中有一方要变动协议,须提前一个月征得对方的同意,否则按违约处理。

⑤ 本协议一式三份,分别由甲方、乙方和学校就业工作部门留存,复印件无效。

⑥ 就业协议书由各省级高校毕业生就业工作主管部门或高等学校印制,由高等学校统一发放给毕业生。

(四)协议签订原则

协议签订原则是指双方在订立就业协议时必须遵循的基本准则。

1. 主体合法原则

签订就业协议的当事人必具备合法的主体资格。

对毕业生而言,就是必须要取得毕业资格,如果学生在派遣时未取得毕业资格,用人单位可以不予接收而无须承担法律责任。对用人单位而言,用人单位必须具有从事各项经营或管理活动的能力,单位应有录用毕业生计划和录用自主权,否则毕业生可解除协议而无须承担违约责任。

2. 平等协商原则

就业协议的双方在签订就业协议时的法律地位是平等的,一方不得将自己的意志强加给另一方。学校也不得采用行政手段要求毕业生到指定单位就业(不包括有特殊情况的毕业生），用人单位亦不应在签订就业协议时要求毕业生交纳过高数额的风险金、保证金。双方当事人的权利义务应是一致的。除协议书规定内容外，双方如有其他约定事项可在协议书"备注"内容中加以补充确定。

（五）就业协议签订要约和承诺

就业协议的订立一般要经过两个步骤，即要约和承诺。

1. 要约

毕业生持学校统一印制的就业推荐表或复印件参加各地供需洽谈会（人才市场），进行双向选择，或向各用人单位寄发书面材料，应视为要约邀请。用人单位收到毕业生材料，对毕业生进行考察后，表示同意接收并将回执寄到高校毕业生就业工作部门或毕业生本人，应为要约。

2. 承诺

毕业生收到用人单位回执或通过其他方式得到用人单位答复后，从中作出选择并到学校毕业生就业工作部门领取就业协议书，与用人单位签订协议，即为承诺。由于毕业生就业工作比较烦琐，比较具体，有时很难明确分为要约和承诺两个步骤。比如：有的毕业生参加公务员考试，达到面试线后，到用人单位参加面试、体检，用人单位也对毕业生进行政审、阅档，表示同意接收。在这种情况下，毕业生应与该用人单位签订就业协议，而不应再选择其他单位。又如，用人单位到学校挑选毕业生，毕业生自己主动报名，经学校积极推荐，用人单位也表示同意接收，但要回到单位后再正式发函签协议。在这种情况下，毕业生也应安心等待与用人单位签约，而不能出尔反尔，以未正式签协议为由，置学校信誉于不顾，在这过程中与其他单位签约，这样也浪费了其他毕业生的就业机会。

3. 注意事项

（1）毕业生和用人单位达成协议并在就业协议书上签名盖章，用人单位应在协议书上注明可以接收毕业生档案的名称和地址。

（2）用人单位上级主管部门批准盖章。

（3）用人单位必须在与毕业生签订协议书起的 10 个工作日内将协议书送学校毕业生就业的工作部门。

（4）由毕业生就业工作部门在协议书"乙方基本信息"中的"学校有关信息及意见"一栏填写（或制作长条章加盖），补盖学校就业部门公章，并及时将协议书反馈给用人单位。

(六)如何解除协议

为了维护就业协议书的严肃性和学校的声誉,毕业生与用人单位签订了《就业协议书》后,毕业生和用人单位都应认真履行协议。倘若毕业生因特殊原因要求违约,应承担违约责任。已签订《就业协议书》的毕业生,如要违约,需办理解约手续。

(1)到原签协议书的单位办理书面同意的解约函(盖单位公章)。

(2)向学校毕业生就业工作部门提出书面申请(阐明解约理由),并附上单位及上级人事主管部门审核同意的解约函,交招生就业办。

(3)学校毕业生就业工作部门根据有关规定审批换发新的《就业协议书》。

(4)就业协议的解除分为单方解除和二方解除。

单方解除,包括单方擅自解除和单方依法或依协议解除。单方擅自解除协议,属违约行为,解约方应对另一方承担违约责任。单方依法或依协议解除,是指一方解除就业协议有法律上的或协议上的依据,如学生未取得毕业资格,用人单位有权单方解除就业协议,毕业生录用之后,可解除就业协议;或依协议规定,毕业生未通过用人单位所在地组织的公务员考试,用人单位有权解除协议,此类单方解除,解除方无须对另一方承担法律责任。

二方解除是指毕业生和用人单位双方经协商一致,消灭原订立的协议,使协议不发生法律效力。此类解除因是双方当事人真实意思表示一致的体现,双方均不承担法律责任,双方解除应在就业计划上报主管部门之前进行,如就业派遣计划下达后双方解除,还须经主管部门批准办理调整改派。

(七)违约后果

就业协议书一经毕业生、用人单位签署即具有法律效力,任何一方不得擅自解除,否则违约方应向权利受损方支付协议条款所规定的违约金。从实际情况看,就业违约多为毕业生违约。

毕业生违约,除本人应承担违约责任,支付违约金外,往往还会造成其他不良的后果,主要表现在三个方面。

(1)就用人单位而言,用人单位往往为录用一毕业生做了大量的工作,有的甚至对毕业生将要从事的具体工作也有所安排。同时毕业生就业工作时间相对比较集中,一旦毕业生因某种原因违约,势必使用人单位的录用工作付之东流,用人单位若重新开始选择其他毕业生,在时间上也不允许,从而给用人单位工作造成被动。

(2)就学校而言,用人单位往往将毕业生违约行为认为是学校的行为,从而影响学校和用人单位的长期合作关系。用人单位由于毕业生存在违约现象,而对学校的推荐工作表示怀疑。从历年上情况来看,一旦毕业生违约,该用人单位在几年之内不愿到学校来挑选毕业生。面对激烈的就业竞争,用人单位需求就是毕业生择业成功的前提,如此下去,必定影响今后学校的毕业生就业工作。同时影响学校就业计划方案的制定和上报,并影响学校的正常派遣工作。

(3)就其他毕业生而言,用人单位到校挑选毕业生,一旦与某毕业生签订就业协议,就不可能再录用其他毕业生。若日后该毕业生违约,有些当初希望到该用人单位工作的其他毕业生由于录用时间等原因,也无法补缺,造成就业信息的浪费,影响其他毕业生就业。因此,毕业生在就业过程中应慎重选择,认真履约。

就业协议作为用人单位、毕业生之间双方的一份意向性协议,不仅能为毕业生解决工作问题,保障毕业生在寻找工作阶段的权利与义务;同时,也保障了用人单位能够从不同学校找到合适的、优秀的毕业生。

六、就业协议书签订流程

毕业生就业协议书签订流程如图2-3所示。

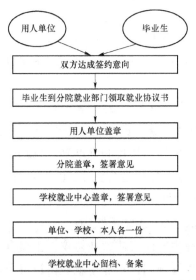

图2-3 毕业生就业协议书签订流程图

七、就业报到证

"报到证"由原来的"派遣证"转化而来,是应届普通高等学校、应届普通中等专业学校(普通全日制,也就是统招生)毕业生到就业单位报到的凭证,也是毕业生参加工作时间的初始记载和凭证。毕业生到就业单位报到时,须持"报到证"。样式参见附件2。

派遣证一式两份,一份是派遣证,另一份是报到证。派遣证在学生毕业后将放入学生档案,由国家直接打到用人单位(档案属国家机密,不允许个人持有。如果用人单位拥有档案保存资格,那么档案就放在单位;如果没有,那单位会将档案放在人才市场内的档案保存处。如果没找到工作,那学生档案就直接打回原籍,而报到证则交由学生自行保管。

(一)就业报到证的作用

"就业报到证"是毕业生到单位报到的证明。毕业生到工作单位就业时,须持"就业报到证"。用人单位凭"就业报到证"为毕业生办理手续。

当地公安部门凭"就业报到证"为毕业生办理落户手续。

学校相关部门依据"就业报到证"为毕业生办理档案投递、组织关系转移和户籍迁移等手续。

"就业报到证"正页由毕业生到用人单位报到时交给用人单位,是毕业生参加工作时间的初始记载和凭证,上面的日期是工龄的开始年限,与退休年龄和养老保险交纳年数都有关。

"就业报到证"是毕业生报考公务员必备资料。

"就业报到证"是毕业生就业的证明,"就业报到证"中的姓名须与毕业生身份证中的姓名一致,单位的名称也必须准确。"就业报到证"的有效期一般为毕业后两年时间内(即2008年毕业生到2010年6月30号,2009年毕业生到2011年6月30号,以此类推)。

"就业报到证"可以改派,改派手续为:

(1)用人单位在毕业生改派表或就业协议书上盖章;

(2)用人单位上级主管部门在毕业生就业协议书上盖章;

(3)学生处审核后,报省教育厅审批。

非全日制在籍学生的社会人士参加自考或成教没有报到证，报到证是中国特色的产物，只有中国统招高校才有。

留学归国学生归国后可咨询户籍所在地省、自治区、直辖市高校毕业生调配部门签发机关（如：北京市教委、天津市教委、河北省人社厅等）办理相应学历的报到证。

（二）改派处理

第一种情况，开始和 A 企业签订了就业协议书，并且报到证已经派遣到了 A 企业相关的城市，而学生工作几个月后，辞职了，去了另一个 B 企业工作。如果这个 B 企业能接收你档案，那么这个就必须改派了。

第二种情况，学校交给同学的报到证，出现错误，如姓名、专业甚至派遣地区有误。若发生错误，那么就必须重新开具报到证（严格讲不属于改派）。

第三种情况，错派，没有这个用人单位。用人单位已经撤销或用人单位隶属关系发生了变化。

第四种情况，调配不当。院校在按单位委托代选毕业生调配过程中，所选择的毕业生所学专业与用人单位要求不一致。

第五种情况，毕业生本人遭受不可抗拒的因素或其他特殊原因。

第六种情况，毕业半年后，找到工作，并能接收档案关系等。将派遣回原籍的报到证，改派到你要去的单位所在城市。（报到证两年有效，个别地区只要两年内是可以改派的。严格的地区，一般是一年才能改派，切记。）

第七种情况，已经就业或者未就业的学生，考上公务员或者事业编制。在规定年限内，必须办理改派。

注意：改派时间一般是从毕业开始算起，第一个一年内改派，可是个别地区是可以两年内改派，甚至三年内，故一定要在改派的期限内。一定要了解清楚后办理，别耽误了最佳改派时间。需要改派时，可以向学校求助，学校将协助办理改派。

（三）有效期

"报到证"报到有效期时间：它的有效期一般是两年，即从毕业开始两年内有效；超过两年视为自动放弃并作废。但是个别地方，三年也可以报到。具体依照当地政策。

"报到证"改派有效期时间：报到证一般是从毕业开始算起，一年内可以改派，当然一些地方两年内也可以改派。具体依照当地政策。

"报到证"上所标注报到时间为什么是一个月，或者更短时间：因为是为了督促学生尽快办理，所以近几年才改为时间短，但是个别城市，是严格按照报到证时间来报到的，切莫耽误了时间。最好提前回原籍，或者要去报到的城市人力资源与社会保障厅联系好。

探索与思考

1. 国家出台了哪些毕业生就业政策和法规？
2. 如何签订就业协议书？应注意哪些主要事项？

随笔

就业信息是指通过各种媒介传递的与就业有关的消息和情况，包括就业政策、就业机构、劳动力供求情况、干部人事制度、行业发展趋势、毕业生资源等等。搜集和整理就业信息，可以为成功求职做好充分的准备。

1. 如何辨别信息的真假，避免上当？
2. 如何筛选和利用就业信息？

第六节　搜集就业信息

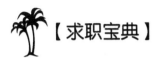【求职宝典】

1. 就业信息搜集要仔细认真、细心甄别、综合汇总。

2. 现在获得就业信息的途径很多，尤其是网络上的资源十分丰富，但是每个人的时间和精力有限，不可能关注到所有的就业信息，获得就业信息应把握两个原则，一是便捷，二是权威。主要途径有：

（1）学校毕业生就业主管部门。

学校毕业生就业主管部门的就业信息精确、可靠、多样、具体。主要来源于各用人单位、各地方人事部门发来的就业信息；各类供需见面会的就业信息等等。

（2）各种类型的双选会。

每年人才服务中心或就业指导中心都会举办规模不等的毕业生供需见面会。

（3）各类媒体：如网络、报纸、杂志广播、电视等。

（4）实习、社会实践、社交等活动。

（5）亲朋好友。

就业信息是指通过各种媒介传递的与就业有关的消息和情况，包括就业政策、就业机构、劳动力供求情况、干部人事制度、行业发展趋势、毕业生资源等。搜集和整理就业信息，可以为成功求职做好充分的准备。

择业决策的过程包括信息搜集、处理和转换，在择业过程中，不论是职业目标的确定、求职计划的设计还是决策方案的选择，就业信息的搜集和处理都是基础。

一、就业信息搜集哪些内容（目标）

（一）就业政策、就业法律法规

我们做任何事情都不能违反政策法规。大学毕业生在就业过程中必须要了解国家就业政策以及相关的就业法律法规。掌握政策法规一方面可以知道毕业生在择业中享有哪些权利，如何利用就业政策求职创业；另一方面在自身利益受到侵害时可以利用法律武器保护自己。

（二）就业市场供求情况

当年毕业生总数，社会总需求量有多少；本地区毕业生数量和市场需求情况，是供小于求，还是供大于求，还是基本处于平衡状况；了解不同行业的需求情况，哪些行业需求量大，哪些行业需求量小。

（三）用人单位的详细信息

用人单位的全称、单位性质、国有企业了解其隶属关系，私企民营单位要了解人事代理关系；单位的规模，产品服务范围，区域位置，交通状况，企业文化；单位人事部门联系人，联系方式；单位需求岗位及需求人才要求，工资福利待遇，培训晋升情况。

对用人单位信息的掌握除了打电话询问，上用人单位网站查看以外，最好能到单位实际调查，有些信息必须实地考察才能作出客观的评价。

二、搜集就业信息的原则

1. 真实性

真实性是就业信息搜集的前提条件，既要求搜集的信息反映的情况必须真实可信，毕业生才能据此作出准确的选择，虚假的就业信息不仅使毕业生判断失误，还会浪费掉大量的宝贵时间和钱财，甚至会带来人身的伤害。社会上存在一些以盈利为目的的中介机构，他们打着提供招聘信息的幌子，骗取中介介绍费。也有一些单位借着招聘为名骗取报名费、培训费以及风险抵押金等。还有一些非法传销组织以招聘为借口骗取学生的信任，毕业生一旦陷进这样的传销组织，人身财物都会受到很大的损失，必须加以警惕。

2. 针对性

网络时代，信息呈爆炸式增长，面对海量的就业信息，毕业生往往难以取舍。毕业生一定要根据自己的职业发展目标和方向，结合自己的专业、特长、兴趣、能力、性格等方面因素综合考虑，有针对性地甄别和选择相关的就业信息。

3. 计划性

搜集就业信息并不是等到毕业时需要了才去搜集，要提前，要有计划。首先要进行职业规划，自我认识，选定职业发展目标和方向；其次是确定信息搜集的方向、途径、范围和内容；再次是进行信息搜集；最后对搜集的信息进行归纳、整理，删除一些价值不大的信息。

4. 全面性

很多情况下我们需要的就业信息并不是完整、全面地展现在我们面前，信息往往是以分散的形式存在。因此，我们需要利用各种渠道和方式，充分搜集与我们制定的职业发展目标和方向相关的信息，在经过分析整理后才能得到较为全面的就业信息。

三、搜集就业信息的途径

就业信息获取途径主要指学生可能获得有效就业信息的渠道。按照毕业生获取就业信息的途径分为四个渠道：政府渠道、市场渠道、学校渠道和其他渠道。

1. 政府渠道

政府渠道包含国家政府就业网站、地方政府就业网站、地方政府举办的招聘会等。政府在就业信息方面做的工作主要有以下几个方面：制定就业政策、就业法律法规；公布各级政府公务员和事业编制的招考信息；举办公益性人才交流会等。政府渠道提供的信息真实可靠。

政府应从宏观上把握社会就业的整体状况，掌握大学毕业生的流向，通过制定相应的政策，引导大学生面向人才紧缺的地区、行业就业，使人力资源合理分配，使大学毕业生就业与经济社会发展相协调。

2. 市场渠道

市场渠道包括各类职业中介机构、社会和用人单位的人才网站、报纸杂志、广播电视网络等媒介。

社会各类职业中介服务机构是就业信息提供的一个重要载体,他们与高校、毕业生以及用人单位都有联系,一般以广告、报纸等形式发布就业信息。目前我国的职业中介服务还存在一些不规范的行为,提供的就业信息也是良莠不齐,甚至还存在一些违法的行为。政府应对职业中介机构的服务加强引导和规范。

随着网络媒体技术的发展,网络媒体具有信息量大、快捷方便、覆盖面广的特点,在信息提供方面日益扮演着重要的角色,也成为大学生就业信息来源的主要渠道。如《大学生就业》杂志每期都刊载大量招聘信息,还开辟了"择业指导"和"政策咨询"等专栏,为大学毕业生提供就业指导。当然网上也存在很多虚假的信息,大学生要加强甄别,以防上当受骗。

就业市场是通过市场的调节作用,实现人才的合理流动。随着就业市场机制的进一步完善和发展,市场渠道不应仅仅是信息的提供者,可以有更多的作为,可以组织人才交流会,进行职业培训等活动。

3. 学校渠道

学校渠道包括高校的官网和就业网站、高校举办的大型现场招聘会和专场招聘会等。一般高校和政府部门、社会各界、用人单位都有合作关系,能及时了解并宣传国家的就业政策法规,公布需求信息,如特岗教师计划、选调生、选聘生以及大学生应征入伍等;另外很多单位也会到学校招毕业生,学校也会向用人单位推荐优秀的毕业生;一般在每年的11月份学校会举办毕业生和用人单位的双选会,以及各类专场招聘会。毕业生应关注学校的就业网站,及时掌握就业信息,每年有很多毕业生通过学校途径成功就业。高校提供的就业信息及时方便、真实、就业成功率较高,且具有适合本校学生就业的针对性特点,已成为大学生就业指导工作中重要的组成部分。

4. 其他渠道

其他渠道包括家人、朋友、老师、校友的推荐,在实习、社会实践中获得的信息,通过信件、电话访问以及上门自荐等。大学毕业生通过这些渠道也可以获得大量的就业信息。

人是生活在社会关系当中,大学生的亲友、老师以及校友组成了一个庞大的关系网络,他们提供的信息一般比较准确、可靠,也是大学毕业生获取就业信息的重要渠道之一。亲友、老师以及校友所织成的信息网络不同于政府、市场和学校渠道，他们比较了解学生个体的情况，所提供的信息有针对性。比如老师向用人单位推荐毕业生时，会充分考虑毕业生和用人单位的情况，因而成功率较高。实际情况是一到毕业的时候，往往有很多单位直接打电话给毕业班的辅导员，希望推荐优秀毕业生。中国是一个很重视人情关系的社会，大学毕业生在找工作时一定要利用好关系网络，关键时候有"熟人"帮助一下，是很管用的。当然，关系也要靠挖掘，要采取正当的途径，不可不择手段。

大学生在校期间一般都要到企事业单位实习实训，实习实训不仅仅是学生巩固理论知识的教学活动，也是学生和用人单位加强联系、相互了解的好途径，一些学生在实习中给单位留下好的印象，毕业后就被招了进来。

通过信件、电话访问以及上门自荐的方式获取就业信息，成功性较小，获得的信息量也少，网络时代，采取这种方式获取就业信息越来越没有市场。

四、就业信息的分析整理和运用

（一）就业信息的分析整理

就业信息的分析整理就是对搜集到的信息进行加工，去粗取精，去伪存真，由表及里，通过对各种信息分析、综合、归类，筛选出对自己有用的信息，更好地为求职做准备。

很多毕业生频繁奔波于各种招聘会，简历也投出去不少，但是却很少得到回复，原因在于缺少对就业信息的整理。毕业生要做一个有心人，平时就要有意识地收集各种就业信息，尤其是招聘信息。可以制个表格，统计各种招聘信息，并不是所有的招聘信息都要收集，要根据自身的情况，比如职业兴趣、专业、性格、能力特长等，对招聘信息进行筛选，符合自己的，进行统计、完善。统计招聘信息的表格一般包括以下六个要素：企业名称，企业基本情况（企业性质、隶属关系、规模、人数、产品服务、发展现状和发展趋势），应聘岗位及招聘人数，应聘条件（如学历、专业、职业资格、技术等级），工作环境和薪资福利，联系人及联系方式。

（二）就业信息的运用

就业信息的运用是指毕业生在对就业信息整理过后，依据信息进行择业的过程。就业信息的使用必须要做到：确定职业目标，"心若没有方向，去哪儿也是逃亡"。职业目标是求职者的专长、兴趣、能力、性格、期望值、价值观与社会职业需求之间不断协调的过程。确定职业目标时还应该把收入目标、行业目标等考虑进去，尽可能地征求亲朋好友的意见。记住，适合自己的才是最好的，不能人云亦云。换位思考，了解信息背后的启示。假如你们是招聘单位，你们想招到什么人才。不难想出，其实用人单位最需要的是安全和保障，他们需要你们为他们创造价值、带来利润。了解信息背后的启示必须站在用人单位的角度考虑问题，不能以自我为中心。机会总是留给那些做了充分准备的人，所以在全面客观了解了信息后，要及时准备，主动联系用人单位询问招聘细则，比如时间、地点、要求、方式，尽快准备一份求职简历，不能犹豫不决。

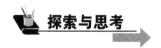

1. 如何辨别信息的真假，避免上当？
2. 如何筛选和利用就业信息？

随笔

企业文化是企业的灵魂,是推动企业发展的不竭动力。它包含着非常丰富的内容,其核心是企业的精神和价值观。

1. 企业文化的内涵是什么?
2. 企业文化的作用是什么?
3. 企业文化的重要性是什么?
4. 如何认识、理解和融入企业文化?

第七节　企　业　文　化

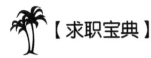
【求职宝典】

1. 企业文化结构即企业的物质文化、行为文化、制度文化、精神文化形态。
2. 企业文化
是企业的灵魂——理念形态文化
是企业长盛不衰的基石——物质形态文化
是决定企业未来的命运——制度行为文化

一、什么是企业文化

（一）企业文化

企业文化是企业在生产经营实践中逐步形成的，为全体员工所认同并遵守的、带有本组织特点的使命、愿景、宗旨、精神、价值观和经营理念，以及这些理念在生产经营实践、管理制度、员工行为方式与企业对外形象体现的总和。企业文化是企业的灵魂，是推动企业发展的不竭动力。它包含着非常丰富的内容，其核心是企业的精神和价值观。这里的价值观不是泛指企业管理中的各种文化现象，而是企业或企业中的员工在从事商品生产与经营中所持有的价值观念。

企业文化是企业中形成的文化观念、历史传统、共同价值观念、道德规范、行为准则等企业的意识形态，企业领导者把文化的变化、人的功能应用于企业，以解决现代企业管理中的问题，就有了企业文化。企业管理理论和企业文化管理理论都追求效益。但前者为追求效益而把人当作客体，后者为追求效益把文化概念自觉应用于企业，把具有丰富创造性的人作为管理理论的中心。这种指导思想反映到企业管理中去，就有了人们称之为企业文化的种种观念。

（二）企业文化的层次

企业文化是一个企业所共同认同和遵循的价值观信念和行为方式。简单地说，企业文化大致包括以下三个层次的内容。

1. 理念层

就相当于一个鸡蛋的蛋黄，理念层是企业发展的定位和未来的愿景，它包括企业的核心价值观、企业的发展愿景。

2. 制度层

就相当于一个鸡蛋的蛋清，制度层包括公司的激励机制、公司的规章制度、公司的薪酬机制、公司对员工的职业培养计划等。这部分内容与员工的关系最为密切。

3. 物质层

就相当于一个鸡蛋的蛋壳，物质层包括企业形象、企业办公环境、企业员工着装等表象的东西。

有的专家认为，企业文化分为四个层次，即理念层、制度层、行为层与物质层，在三个层次说法的基础上又细分出了行为层。

行为层文化是指员工在生产、经营及学习、娱乐活动中产生的活动文化，也指企业在经营教育、宣传、人际关系、文娱、体育等活动中产生的文化现象，包括企业行为的规范、企业人际关系的规范和公共关系的规范。企业行为包括企业与企业之间、企业与顾客之间、企业与政府之间、企业与社会之间的行为。

（三）企业文化功能

1. 导向功能

导向功能是指企业文化对企业的领导者和职工所起的引导作用。企业文化的导向功能主要包括经营哲学和价值观念的指导、企业目标的指引。

2. 约束功能

约束功能是通过完善管理制度和道德规范来实现的。

3. 凝聚功能

企业文化以人为本，尊重人的感情，从而在企业中造成了一种团结友爱、相互信任的和睦气氛；强化了团队意识，使企业职工之间形成强大的凝聚力和向心力。

4. 激励功能

共同的价值观念使每个职工都感受到自己的存在和行为的价值，自我价值的实现是人的最高精神需求的一种满足，这种满足必将形成强大的激励。在以人为本的企业文化氛围中，领导与职工、职工与职工之间互相关心、互相支持；特别是领导对职工的关心，职工会感到受人尊重，自然会振奋精神、努力工作。

5. 调适功能

调适就是调整和适应。企业各部门之间、职工之间，由于各种原因难免会产生一些矛盾，解决这些矛盾需要各自进行自我调节。

6. 辐射功能

文化力不只在企业起作用，还会通过各种渠道对社会产生影响。文化力辐射的渠道很多，主要有传播媒体、公共关系活动等。

二、应该怎样认识、理解企业文化

要有哲学的方法，从中国企业文化的现实出发，进行深入调查研究，把握企业文化各种现象之间的本质联系。依据实践经验，从感性认识到理性认识，进行科学的概括和总结。

要通过实践把所认知的企业文化的本质及一般的特征去伪存真，从而确定企业文化的本质。

要认识到企业文化不是单一因素构成的，找出企业文化最基本的决定性的因素及其与诸多因素的关系。

要看到企业文化这个概念不是一成不变的，它是一个动态过程，在发展中形成，并在社会历史发展中丰富和变化。

三、对企业文化含义的片面认识

企业文化这个名词，对于许多人来说并不陌生。而人们对企业文化的理解也是见仁见智。有人认为，企业文化就是在企业内搞的各种文体活动，如打球、唱歌、跳舞等；有人认为，企业文化就是企业形象设计，也就是 CIS 战略；也有人认为，企业文化就是企业自己办简报刊物，为职工提供一个文化园地；还有人认为，企业文化就是搞思想教育……

从现在的观点来看,这些说法都不够全面。上述种种只是企业文化的表现形式,或者说是企业文化的载体,并不能等同于企业文化。应该明确的是:企业文化不是企业加文化,也不是企业与文化嫁接,更不是企业家与文化人的联谊会。

四、企业文化的内涵

企业文化具体包括如下一些因素:价值观、行为准则、企业经营管理哲学、经营理念、企业精神等构成企业文化的核心内容,是企业为生产经营管理而形成的观念的总和。企业文化是一种以人为中心的企业管理理论,它强调管理中的软要素,其核心含义是企业价值观。

1. 企业文化的结构

企业文化结构是指企业文化系统内各要素之间的时空顺序,主次地位与结合方式。企业文化结构就是企业文化的构成、形式、层次、内容、类型等的比例关系和位置关系。它表明各个要素如何链接,形成企业文化的整体模式,即企业的物质文化、行为文化、制度文化、精神文化形态。

2. 企业文化与企业精神的异同

相同处是它们都属于人的意识形态方面的范畴。不同处是企业文化除理念文化内容外,还有其他的内容,如组织制度化、物质文化等。意即企业文化的内涵要大于企业精神。

3. 构成企业文化的要素

构成企业文化的要素有 5 个方面,即企业环境、价值观、英雄人物、典礼仪式、文化网络。

4. 企业文化的三大结构要素

其三大结构要素,即企业物质文化要素、企业制度文化要素、企业精神文化要素。

五、应聘者为什么要了解企业文化

1. 有助于在激烈的求职竞争中获得主动

在招聘的过程中,人力资源专家很容易判断出应聘者究竟适合不适合应聘的职位，或者根据应聘者评价自己以前的老板，或者是解决工作遇到的矛盾，通过他的讲述判断是否适合这个公司、应聘者是否与公司的氛围以及主管的作风等企业文化相匹配。所以，求职者有必要了解一个企业的文化。

不同企业有不同的文化，求职者除了考虑薪水、发展方向外，还应该考虑自己能否适应企业的文化环境。

通常在几名候选人条件相似的情况下，具有与公司文化相融的个性的求职者是最终的成功者。

如果求职者能换位思考，即以面试人员的角度，从企业的发展定位和未来愿景出发，即能够大大提高自己求职成功率。

2. 有助于自己的长远发展

不同企业自然文化不同，甚至一些跨国企业也会结合分公司的特点而设立其独特的文化。不同文化，也吸引不同的人加入各个公司。

求职者只有了解了企业文化，才知道自己该如何工作，才可能不断修正自己的做事方式和做事习惯，使之与企业文化保持一致，才能使自己与企业融为一体，从而获得长远发展。

六、民营企业与外资企业的文化差异

外企和民企在用人观念上存在较大的差异。这种差异实际上是企业之间核心价值理念的差异，也就是企业文化之间的差异。

外企与民企在用人观念上有许多地方是相似的，毕竟企业存在的目的都是最大限度地回报股东和取得利润。但由于经营理念的差异，外企与民企在实现企业目标的途径上作出了不同的选择，从而在选人、用人上也有着不同的倾向和标准。归纳起来，外企与民企在用人观上的差异主要体现在以下三个方面。

1. 领导才能和技术才能

外资企业在选聘人才时比较重视领导才能，民营企业则比较重视技术才能。外资企业通常认为好的领导力是完成任务的必备条件，一个好的员工必须是一个好的领导，哪怕这个岗位不一定是领导岗位。因为只有具备领导才能的人，才可以高质量地、独立地完成工作。民企则更重视技术才能和岗位工作经验。

外企和民企之所以有这样的差异是基于外企有充分"授权"的理念。领导希望员工能够在自己的领域做决定，而不是让领导来做决定。在做决定的时候，领导才能比技术才能起到的作用更大。

在宝洁公司的核心价值体系里,领导才能是排在第一位的。宝洁进入中国32年,招聘了数千名应届大学毕业生。因为在招聘时注重领导才能的考核,大多数新员工在加入宝洁的几个月后就开始承担比较重要的工作。相反,专业知识在宝洁的招聘中却较少被提及。我们可能很难理解,为什么学机械的被招进了财务部,学通信的被招进了香波制造部等,这些在宝洁确实是比较常见的,因为公司注重领导才能甚于技术才能。

2."德"和"才"

外资企业重"德",民营企业重"才"。当然这里说的"重"是相对而言的,因为无论是外企还是民企都希望找到"德才兼备"的人才;但在实际的招聘和选拔过程中,外资企业则更重视"德"的因素。

比如说"诚实正直",外企在招聘员工时非常重视求职者是否说了实话,为了证实这一点,外企会花比较多的时间做"背景调查",以确保员工讲的是实话。外企的背景调查是非常认真的,除了电话调查,还有书面调查,甚至请第三方咨询公司做调查。而民营企业在这方面投入的精力则较少,即使有背景调查也主要是集中在应聘者的工作能力上。

3. 潜力和资历

外企重潜力,民企重资历。外企招人更看重潜力,看重未来的发展;民企招人则是为了满足今天工作的需要,因此技能尤为重要。

外资企业更看重应聘者能否适应企业文化,能否和企业的核心价值理念保持一致,能否有潜力在企业工作较长的时间,与企业共同成长。

虽然外企和民企在用人观上有较大差异,但都强调敬业精神。

随笔

大学生转变为职业人应该做好思想准备。就是说已经告别了学生阶段,思想上不能再和过去一样了,应该在思想上有所转变,这很重要。现在不少企业为什么不要应届毕业生?其中的原因很多……

1. 工作中应具备怎样的心态?
2. 初入职场应注意哪些问题?
3. 大学生与职业人的根本区别是什么?

第八节　从学生到职业人的角色转换

【求职宝典】

工作中应具有的心态：

1. 明确你在为谁工作
2. 这些心态千万不要带到公司
（1）把公司当跳板
（2）感叹怀才不遇
（3）无休止无意义地抱怨
（4）公司的事，那么节约干吗？
（5）做一天和尚，撞一天钟
3. 这些行动，刚工作时要做到
（1）每天多工作一点点
（2）保守公司的秘密
（3）主动找事做，而非等事做
（4）做问题的解决者，而非问题的挑剔者
（5）高效的执行力

大学生转变为职业人应该做好思想准备，就是说已经告别了学生阶段，思想上不能再和过去一样了，应该在思想上有所转变，这很重要。现在不少企业为什么不要应届毕业生？其中的原因很多，其中与大学毕业生求职择业过程中出现的一些心理状态及表现有关。结合华为、联想以及世界500强企业选人用人标准，我们提出了"大学生与职业人的区别""大学生角色转化的途径"等问题。大学生应该从"大学毕业生初入职场应注意的一系列问题"入手，尽早调适心态，做好大学生到职业人角色转换的准备，顺利就业。

大学生转变为职业人应该做好如下准备。

一、角色转换

（一）毕业前夕的角色转换

大学生从年前 11 月份左右找工作直至第二年 6 月份毕业离校，这一阶段的时间跨度很大。可以说，这一时期是毕业生转换角色的重要阶段。学生与用人单位签约的同时，就预示着开始迈开由学生角色向职业角色的第一步。一般来说，这个时候学生大部分的课程已经学完，学校的教学计划主要是毕业生的实习实践和毕业论文，学生自主支配的时间相对较多。因此，毕业生应该在从就业协议书签订到毕业离校这段时间，有针对性地学习知识、培养能力，提前奠定良好的心理基础和知识技能基础。

1. 重视毕业实习和毕业设计

学习与未来工作岗位有密切联系的专业知识和专业技能。大学的课程设置总体上偏重于基础知识的学习和基本技能的培养，而不一定涉及特定岗位上所需要的专业知识和技能。毕业实习和毕业设计是毕业生步入职场的一个必要的过渡阶段。对即将毕业的学生来说，通过毕业实习和毕业设计，他们可以将自己所掌握的理论知识运用于实际，这不仅有利于加深对书本知识的理解和巩固，还能够发现不足，对自己的知识结构进行必要的补充和调整，提高观察、分析和解决问题的实际工作能力。

2. 进行非智力因素技能的训练

注重提升多方面的能力。大学毕业生智力上的相差并不太大，而非智力方面的技能却是影响毕业生择业、就业和创业的重要因素。毕业生要敢于表现自己，充满自信，在公众面前不缩头缩脑，这往往会给人留下良好印象；加强书面表达能力和口头表达能力的培养，善于表现自己，这往往会使毕业生在工作中脱颖而出。在与人交往的过程中要诚恳而不谦卑，自尊而不倨傲，在与他人的竞争中做到争而不伤团结、赛而不失风格、获胜不忘形、失败不失态等，这往往更能赢得单位和同事的信任和赞誉。

（二）试用期内的角色转换

毕业生参加工作后需要经过一段时间的试用期，考核合格之后才能转为正式人员。在校园期间，大学生学习和生活条件比较优越，空闲时间和自由支配时间比较多，节奏也比较缓和，压力较小；而参加工作后，特别是在试用期内，毕业生往往被安排到条件艰苦的基层去锻炼，而且工作繁忙，经常需要加班加点，属于自己的时间越来越少。在这种情况下，往往会加剧角色冲突，为此，大学毕业生应该加强试用期内的学习和认识，使角色转换顺利实现。

1. 重视岗前培训

岗前培训对于刚刚走上工作岗位的大学生的角色转换是非常重要和必要的。它不仅仅是让新员工了解单位的基本情况，熟悉规章制度和工作程序，更重要的是通过岗前培训来树立集体主义观念，培养人际协调能力和奉献精神。从某种意义上讲，岗前培训可以直接反映出新员工的素质高低，因此单位都非常重视，并依此择优录用，分配岗位。毕业生一定要以认真的态度把握好这样一次充实自己、表现自己和提升自己的良机。事实证明，很多毕业生就是因为在岗前培训期间显露才华、表现出色而被委以重任的。

2. 要善于展现自己的知识

大学毕业生因为具有新知识而受到同事的青睐和尊敬，但为此也使一些人与同事之间容易产生一定的距离。因此，大学生在同事面前一定要表现得谦虚、随和，在尊重同事丰富经验的同时，适时适度地展现自己的知识。例如，可以利用工作机会，特别是当同事在工作中遇到麻烦时，以谦虚诚恳的态度从理论上提出自己的见解，共同商讨，共同解决问题；也可以利用业余娱乐机会、发挥自己的知识优势。

3. 要树立工作的责任意识

大学生对未来都有美好的期望，都想在事业上大干一场，建功立业。但是多数人在走上工作岗位之初，一般不会被委以重任，而是先从最简单的辅助性工作做起，这也符合人才成长的基本规律。但是，有不少人凭着对工作的新鲜感和学识上的优越感，认为自己被大材小用了，对一些工作不愿意干，甚至开始闹情绪。

4. 要培养实事求是的工作作风

大学毕业生具有较强的自尊心和自立意识，在工作上总想独当一面，取得成就。尽管很多人对待工作的态度是认真谨慎的，但在很多时候，工作中还是难免出现失误。工作失误并不可怕，可怕的是不能正确地认识失误，不能实事求是地去承认失误。

二、角色转换过程中容易出现的问题与对策

大学生在从学生角色向职业角色转换的过程中，往往会面临着新旧角色的冲突。有些人由于受到社会因素、家庭因素，尤其是自身认知能力、人格心理发展、意志品质以及情绪情感等因素的影响，不能正确认识角色转换的实质，或者在角色转换中不能持之以恒，出现一系列问题。

（一）转换过程中容易出现问题

1. 依恋和畏惧并存

许多大学毕业生走上工作岗位后，怀着对学生角色的依恋，对全新的职业角色充满了畏惧。即在角色转换过程中容易依恋学生角色，出现怀旧心理。经过十多年的读书生涯，对学生角色的体验可以说是非常深刻了，学生生活使得每一位学生在学习、生活和思维方式上都养成了一种相对固定的习惯。

2. 自傲与浮躁同在

有一些毕业生对人才的理解不够全面和准确，认为自己接受了比较系统正规的高等教育，拿到了学历，学到了知识，已经是比较高层次的人才了。因而，往往看不起基层工作和基层工作人员，甚至认为一个堂堂的大学毕业生干一些琐碎的不起眼的工作是大材小用，有失身份。于是就轻视实践，眼高手低。一些人在角色转换的过程中受社会环境的影响，表现出不踏实的浮躁作风和不稳定的情绪情感。

（二）解决问题的对策

1. 调整就业心态，做好心理准备

调整就业心态，做好心理准备是角色转换的基础。过硬的职业技能对职业成功固然重要，但充分的心理准备更是不可缺少的，因此毕业生要有"抗挫折"的心理准备。

2. 热爱本职工作，培养职业兴趣

热爱本职工作，安心工作岗位是角色转换的前提。刚刚走上工作岗位的大学生，应当尽快地从学生学习生活的模式中解脱出来，全身心地投入到工作岗位中去。

3. 虚心学习知识，提高工作能力

虚心学习知识，提高工作能力是角色转换的重要手段。毕业生在校期间学习到的东西毕竟是有限的，很多知识和能力需要在工作实践中去学习、锻炼和提高。面对全新的职业，毕业生需要像小学生那样从头学起，虚心向有经验的技术人员、领导、师傅和同事学习，不断丰富自己的专业知识，提高自己的专业技能，最终达到自我完善。

4. 勤于观察思考，善于发现问题

勤于观察思考，善于发现问题是角色转换的有力保障。大学毕业生进入职业角色，只有善于观察问题，才能发现问题；只有运用自身掌握的知识去努力解决问题，才能掌握大量的第一手资料，分析研究职业对象的内部规律，也才能培养自己的独立见解，逐步具备独立开展工作的能力，更好地承担角色责任。

5. 正确对待评价，注意做好调整

要想了解自己的表现是否符合角色的要求，要想对自己的行为作出较准确的判断，都要借助于他人的评价。因此，必须学会正确地对待他人的评价。

探索与思考

1. 工作中应具备怎样的心态？
2. 初入职场应注意哪些问题？
3. 大学生与职业人的根本区别是什么？

附件1　毕业生就业协议书范文

封面

编号：

全国普通高等学校毕业生就业协议书

毕 业 生_____

用人单位_____

学校名称_____

吉林省教育厅制表

附件1 毕业生就业协议书范文

内1页

<table>
<tr><td rowspan="7">毕业生情况及意见</td><td>姓名</td><td></td><td>性别</td><td></td><td colspan="2">年龄</td><td></td><td>民族</td><td></td></tr>
<tr><td>政治面貌</td><td></td><td colspan="2">培养方式</td><td></td><td colspan="2">健康状况</td><td></td><td></td></tr>
<tr><td>专业</td><td></td><td colspan="2">学制</td><td></td><td colspan="2">学历</td><td></td><td></td></tr>
<tr><td>家庭地址</td><td colspan="8"></td></tr>
<tr><td colspan="9">应聘意见：

　　　　　　　　　　　　　　　　　毕业生签名：　　　年　月　日</td></tr>
</table>

<table>
<tr><td rowspan="10">用人单位情况及意见</td><td>单位名称</td><td colspan="2"></td><td>单位隶属</td><td></td></tr>
<tr><td>联系人</td><td></td><td>联系电话</td><td>组织机构代码</td><td></td></tr>
<tr><td>通信地址</td><td colspan="2"></td><td>邮政编码</td><td></td></tr>
<tr><td>单位性质</td><td colspan="4">机关□　科研设计单位□　高等教育单位□　中初教育单位□
医疗卫生单位□　其他事业单位□　国有企业□　部队□
三资企业□　农村建制村□　城镇社区□　民营企业□</td></tr>
<tr><td>是否接收档案</td><td colspan="2">是□　否□</td><td>是否接收户口</td><td>是□　否□</td></tr>
<tr><td>报到证签往单位</td><td colspan="4"></td></tr>
<tr><td>报到证签往
单位所在地</td><td colspan="4"></td></tr>
<tr><td>档案转寄地址</td><td colspan="4"></td></tr>
<tr><td>用人单位意见：

　　　　　签章

　　　年　月　日</td><td colspan="4">用人单位上级主管部门意见：
（有用人自主权的单位此栏可略）

　　　　　签章

　　　年　月　日</td></tr>
</table>

内 2 页

	学校联系人		联系电话		邮政编码	
	学校通信地址					
学校意见	院（系、所）意见： 签 章 年 月 日			学校毕业生就业部门意见： 签 章 年 月 日		
备注：						

附件1 毕业生就业协议书范文

封底

按《普通高等学校毕业生就业工作暂行规定》的要求,为明确毕业生、用人单位、学校三方在毕业生就业工作中的权利和义务,经协商,毕业生、用人单位、学校三方签订如下协议:

一、毕业生应按国家规定就业,向用人单位如实介绍自己的情况,了解单位的使用意图,表明自己的就业意见,在规定的时间内到用人单位报到,若遇到特殊情况不能按时报到,需征得用人单位同意。

二、用人单位要如实介绍本单位的情况,明确对毕业生的要求及使用意图,做好各项接收工作。凡取得毕业资格的毕业生,用人单位不得以学习成绩为由提出违约,未取得毕业资格的结业生,本协议无效。

三、学校要如实向用人单位介绍毕业生的情况,做好推荐工作,用人单位同意录用后,经学校审核报省教育厅备案,学校负责办理派遣手续。

四、学校应在学生毕业前安排体检,不合格者不派遣,本协议自行取消,由学校通知用人单位。如用人单位对毕业生身体条件有特殊要求,原则上应在签订协议前进行单独体检,否则,以学校体检为准。

五、毕业生、用人单位、学校三方如有其他约定,应在备注栏注明,并视为本协议书的一部分。

六、本协议经各方签字、盖章后生效。三方都应严格履行本协议,若有一方提出变更协议,须征得另两方同意违约,由违约方承担违约责任,并在备注栏注明。

七、本协议一式三份,毕业生、用人单位、学校各执一份,复印无效。

附件2 报到证范文

封面-封底

注 意 事 项

一、本证由中华人民共和国教育部及省、自治区、直辖市高校毕业生调配部门签发,毕业生凭本证到工作单位报到,其他证件无效。

二、毕业生应妥善保管本证,如有遗失,应立即向发证部门申请补发新证。

三、毕业生报到后,持本证及接收单位有关证明到当地公安部门报户口,本证交工作单位留存。

四、本证涂改无效。

全国普通高等学校本专科毕业生就业

报 到 证

中华人民共和国教育部印制
MMIV 4794996

全国普通高等学校本专科毕业生就业

通 知 书

中华人民共和国教育部印制
MMIV 4794996

附件2 报到证范文

报到证　正文

全国普通高等学校本专科毕业生就业报到证		专业			
＿＿＿＿＿＿＿＿＿＿：		学历		修业年限	
		报到地址			
按照国家制定的　　　年高等学校毕业生就业方案，现有　　　（校）毕业生　　　性别　　　到你处报到。		档案材料			
		报到期限	自	年　月　日	
			至	年　月　日	
		备注			
高校毕业生调配部门章 　　年　　月　　日		（　　　）毕字第　　　号			

全国普通高等学校本专科毕业生就业通知书		专业			
＿＿＿＿＿＿＿＿＿＿：		学历		修业年限	
		报到地址			
按照国家制定的　　　年高等学校毕业生就业方案，现有　　　（校）毕业生　　　性别　　　到你处报到。 （超过报到期限，如该生未去你处报到，请速通知学校，以便查明。）		档案材料			
		报到期限	自	年　月　日	
			至	年　月　日	
		备注			
高校毕业生调配部门章 　　年　　月　　日		（　　　）毕字第　　　号			

参考文献

[1] 曲振国. 大学生就业指导与职业生涯规划 [M]. 北京：清华大学出版社，2008.

[2] 宋剑涛，云萧，杨国富，石江华. 大学生职业规划与就业指导 [M]. 成都：西南财经大学出版社，2008.

[3] 钟谷兰，杨开. 大学生职业生涯发展与规划 [M]. 上海：华东师范大学出版社，2009.

[4] 杜德龙. 高职学生职业规划与就业指导 [M]. 成都：电子科技大学出版社，2008.

[5] 王宝生，赵居礼. 大学生就业与创业指导教程 [M]. 北京：机械工业出版社，2008.

[6] 宋剑涛，云萧. 大学生职业规划与就业指导 [M]. 成都：西南财经大学出版社，2008.

[7] 汪莉. 职业生涯规划与管理 [M]. 北京：中国华侨出版社，2009.

[8] 陈家顺，张改娥. 大学生生涯规划与指导 [M]. 北京：经济日报出版社，2009.

[9] 韩丽霞，毕京铭，蔡玉生. 大学生创业就业指导 [M]. 北京：人民邮电出版社，2018.

[10] 景宏磊，李海婷. 创新引领创业 [M]. 北京：中国石油大学出版社，2018.